VOCÊ SE DEVE ISSO

TAMBÉM DE ERIC THOMAS

The Secret to Success

Greatness Is Upon You

Average Skill Phenomenal Will

DESPERTE SEU PODER,
SEU PROPÓSITO E SEU PORQUÊ

VOCÊ SE DEVE ISSO

ERIC THOMAS

PALESTRANTE DE RENOME MUNDIAL E FINALISTA DO *AUDIE AWARDS*

ALTA BOOKS
GRUPO EDITORIAL
Rio de Janeiro, 2024

Você Se Deve Isso

ISBN: 978-85-508-2096-5

Impresso no Brasil — 1ª Edição, 2024 — Edição revisada conforme o Acordo Ortográfico da Língua Portuguesa de 2009.

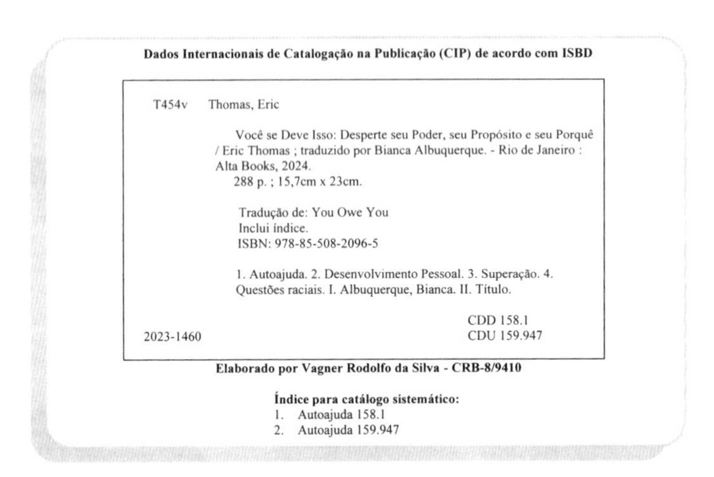
Dados Internacionais de Catalogação na Publicação (CIP) de acordo com ISBD

T454v Thomas, Eric

Você se Deve Isso: Desperte seu Poder, seu Propósito e seu Porquê / Eric Thomas ; traduzido por Bianca Albuquerque. - Rio de Janeiro : Alta Books, 2024.
288 p. ; 15,7cm x 23cm.

Tradução de: You Owe You
Inclui índice.
ISBN: 978-85-508-2096-5

1. Autoajuda. 2. Desenvolvimento Pessoal. 3. Superação. 4. Questões raciais. I. Albuquerque, Bianca. II. Título.

2023-1460 CDD 158.1
CDU 159.947

Elaborado por Vagner Rodolfo da Silva - CRB-8/9410

Índice para catálogo sistemático:
1. Autoajuda 158.1
2. Autoajuda 159.947

Grupo Editorial Alta Books

Produção Editorial: Grupo Editorial Alta Books
Diretor Editorial: Anderson Vieira
Vendas Governamentais: Cristiane Mutüs
Gerência Comercial: Claudio Lima
Gerência Marketing: Andréa Guatiello

Assistente Editorial: Patricia Silvestre
Tradução: Bianca Albuquerque
Copidesque: Vivian Sbravatti
Revisão: Daniel Salgado; Kamila Wozniak
Diagramação: Joyce Matos
Capa: Karma Brandão

Rua Viúva Cláudio, 291 — Bairro Industrial do Jacaré
CEP: 20.970-031 — Rio de Janeiro (RJ)
Tels.: (21) 3278-8069 / 3278-8419
www.altabooks.com.br — altabooks@altabooks.com.br
Ouvidoria: ouvidoria@altabooks.com.br

Editora
afiliada à:

Quero dedicar este livro à minha esposa Dede e a todas as pessoas que, como Dede, foram duramente atingidas pela vida, mas que, em vez de desistir, resolveram encará-la e superar o obstáculo.

AGRADECIMENTOS

Sinto-me verdadeiramente honrado por cada encontro, cada conversa, cada aperto de mão e cada palavra de encorajamento de todos os que conheço — em minha igreja, na rua, em eventos especiais. Vocês são a razão para eu fazer o que faço. Obrigado.

Obrigado à equipe da Harmony/Rodale, incluindo nosso editor, Matthew Benjamin, por levar nosso trabalho da autopublicação para grandes patamares. A Leslie Pariseau por embarcar nessa jornada comigo.

Obrigado a Les Brown, Bob Proctor, Tony Nuckolls, Bill Emerson, Dan Gilbert, Thomas Davis, Chris Paul, Reggie Bush, Tyrese Gibson, Glenn Twiddle, Incipio Academy, Stephen Tulloch, Sean "Diddy" Combs, Victor Oladipo, Cam Newton, Demario Davis, Michael B. Jordan, Giavanni Ruffin, Omarion, Kaleb Thornhill, Brian Bostick, Isaiah Thomas, BJ Stabler, June Archer, Anthony "é hora do show" Pettis, Kenneth Nelson, Duke Roufus, Prince e Chanel Fielder, Lawrence Frank, Marc Jackson, Geoffrey Schmidt, Niya Butts, Mark Dantonio, Mike Davis, Scott Drew e Alvin Brooks III e a equipe de Baylor, Drew Valentine e a equipe da Loyola, Disclosure, Mikestro, Ashley Iserhoff, Tom Izzo, Buffini & Company, Kyani, Vondale Singleton, as lendas de Oakwood que me inspiraram: Dennis Ross III, Virtue (apaixonadíssimo pelas irmãs Trotter) e Shavon Floyd, Sharon Riley e Faith Chorale,

Angelique Clay, Angela Brown, Brian McKnight, W.S.B. (Willing Succeeding and Black [Dispostos, Bem-sucedidos e Pretos, em tradução livre]), DP (Owen Simmons), Voices of Triumph (Damien Chandler), Wintley Phipps, Barry Black, Chris Willis, Take 6, Duawne Starling, Paul e Patrick Graham ("Os Gêmeos"), Ministros da Bell Tower, Irvin Daphnis, Melvyn Hayden, Quincy Harris, Steven Tullock e ConnectFive.

Obrigado a todos com quem trabalhei na New Balance Athletic Shoes Inc., Under Armour Inc., ESPN, NBC, Quicken Loans e Shaun Harris com AT&T.

Às mulheres da minha vida: vó Gwen, vó Lama, tia Wanda, tia Cleo, tia Booby e tia Tawana, por seu apoio contínuo desde as fraldas. Também a irmã Lamb, Ma Trotter e Ma Bez (Sterling Foster).

Aos homens da minha vida: Tio Bruce, Tio Jimmy, Tio David, Tim e Wayne Smith, Robert King, Leon Burnette, Pastor James Doggette, Pastor T. Marshall Kelly, Preston Turner, Rupert Cannonier, Carlas Quinney Sr., Treinador Daniel Bogan, Jerald Clift Kyle, Renee Chandler, Pastor James Black, Elder Eric Calvin Ward, Pastor Sean Holland, Pastor Larry Trice, Pastor Nathan Dixon, Steven Coffey, Pastor Walter Gibson, Hope Fellowship e E.E. Cleveland… responsabilidade.

Aos irmãos: LaDon Daniels, Lee Lamb, Lloyd Paul (um salve para St. Marteen), Carlas Quinney, Burks Hollands, Charles Arrington, Shannon Austin, Greg Arneaud, Adrian Marsh, John Samon, Derrick Green, Quest Green, Joey Kibble, Jamie Cook, Inky Johnson, Jeremy Anderson e Karl Phillips.

Obrigado a todas as minhas redes de apoio. Eu não conseguiria dizer o nome de todos, mas entre os muitos estão a família Quinney, a família Tyus, LaShanna Fountain, J.D., a família Arrington, Walter Bivens, Derrick Williams, minha família do Ministério A Place of Change,

Rodney Patterson, Murray Edwards, Dr. Lee June, Dra. Bonita Curry, Dra. Sonja Gunnings, Dr. Pero Dagbovie, Brandon Bostick, LBJ, Meek Mill, a família Lamb, Tobe e Fat Nwigwe, Nell Grant, Lamar Higgins, Mostafa Ghonim, Jeff Idehen, Jemal King, Josh Hatch, Derek Bowe, Tony Biancosino, Anthony Flynn, Dorothy L. Green e a família Austin. Agradeço a todos vocês e a todos os mencionados neste livro.

Aos que partiram, mas não foram esquecidos: Tio Mike, Tio Ben, Allen Johnson, Kay Craig-Harper, Renee Braxton, Renia Braxton, Glenda CraigAnderson, Elder Ward, Elder Cleveland, MaBez, Chris Daniels e Pastor P.C. Willis.

Obrigado, mãe, e ao resto da minha família, por acreditarem em mim.

O Esquadrão HPC: CJ, Karl, Elle "L", Tiffany Hayes, Kamela Quinney, Ashante Tucker, Valerie Hawkins, Nicky Saunders, Cierra Pryor, Marshall Fox, Dra. Cheryl McBride Brown, Train Quinney, VaLarie Humphrey, Charles Terry, Brandon Burns, Shelly Vaughn e Jose Bennett. Sei que tenho a equipe mais talentosa do mercado e estou muito animado com o nosso futuro juntos.

Obrigado a todos os que me apoiam pelo YouTube, Twitter, Instagram e Facebook e a todos que já compraram um livro ou um MP3, vestiram uma camiseta, baixaram a mixtape, encaminharam um vídeo e/ou contaram a alguém sobre mim e meu trabalho. É por você que eu acordo todas as manhãs e faço o que fui criado para fazer.

À minha esposa, Dilsey "Dede" Moseley, obrigado por ser minha melhor amiga, porto seguro e parceira de responsabilidade inflexível. Você me impulsiona a ser melhor, e isso me faz querer te dar o melhor. Você, Jalin e Jayda, as alegrias gêmeas da minha vida, de quem tenho o privilégio de ser pai. Não existe nada melhor.

Por último e sempre, toda honra a Deus, que todos os dias me mostra que o impossível não é nada.

E um agradecimento especial aos meus haters por me impulsionarem à grandeza. Bênçãos contínuas sobre vocês e sua família de agora em diante e para sempre. — Mateus 5:44.

Gratidão,

Eric Thomas

SOBRE O AUTOR

ERIC THOMAS alcançou milhões de pessoas com suas histórias sobre ter sido um sem-teto que se tornou um dos maiores palestrantes motivacionais do mundo. Ele foi perfilado pela GQ, pela Sports Illustrated e pela ESPN. Trabalhou com equipes corporativas da Nike, Under Armour, AT&T, Quicken Loans, Procter & Gamble, UPS e mais. Todos os anos, ele trabalha com a NFL, a NBA e a NCAA, bem como dezenas de times e jogadores individuais em todo o país ao longo de suas respectivas temporadas. Ele é bacharel em educação pelo Oakwood College, um HBCU em Oakwood, Alabama, e mestre e doutor em educação pelo estado de Michigan. Ele mora em Lansing, Michigan, e San Diego, Califórnia, com sua esposa, Dede.

Acesse ETYouOweYou.com [conteúdo em inglês e de responsabilidade exclusiva do autor] ou acesse o site da editora *www.altabooks.com.br* e procure pelo nome do livro ou ISBN para baixar a versão traduzida da apostila, elaborada para ajudá-lo a explorar e aplicar na prática cada valor e princípio aqui identificados.

SUMÁRIO

Se não puder voar, corra,
Se não puder correr, ande,
Se não puder andar, rasteje,
Mas, de qualquer forma,
Continue seguindo em frente.

— Martin Luther King Jr.

I
PREFÁCIO

Me tornei fã de E.T. [apelido de Eric Thomas] logo de cara, na primeira vez que ouvi sua voz. Tem um quê de especial nela — a paixão, o impulso, o fogo. E isso sempre me fisga. Há anos, E. [abreviação de Eric] me envia mensagens antes dos jogos ou quando sabe que estou passando por alguma dificuldade, e, quando sua voz soa, ela sempre causa impacto. O trabalho de E. é atemporal. Dá para acessar o YouTube e assistir a um de seus discursos, e a única maneira de saber quando foram gravados é checando o registro de data e hora. Quando ele fala, é como um sermão. Se você já esteve na igreja para ouvir o pastor e pensou: *cara, acho que ele está falando comigo*, ouvir E.T. é assim. Sempre parece que ele está falando diretamente com você.

O trabalho e o legado de E. me fazem pensar em meu avô, que abriu o primeiro posto de gasolina pertencente a um negro na Carolina do Norte. Me fazem pensar em meu pai, que treinou a mim e a meu irmão nos esportes e na vida. Também me faz pensar nos meus próprios filhos, de quem desejo que tenham orgulho de mim e que tenham a experiência de sucesso que eu tive na vida. E. fala sobre ter um porquê. Para mim, meu porquê era mais odiar perder do que gostar de ganhar. Isso mudou ao longo dos anos. Assim que entrei na NBA, senti que precisava provar meu valor — para a liga, para minha família, para todos com quem cresci. Agora tenho a chance de mostrar aos meus filhos como é o trabalho duro. Eu mostro a eles como é se preparar. Posso mostrar como é ter compromisso. Acho que E. faz isso por todos nós. Mostra-nos como é o trabalho duro e o comprometimento.

Em minha própria carreira, me atraio por pessoas como eu. Estou na minha 17ª temporada e ainda me sinto como no começo — você não vai me superar. Me atraio por pessoas com a mesma ética de trabalho. Às vezes, basta olhar nos olhos de alguém para saber que aquela pessoa tem um fogo. E gente assim pode estar no meu time a qualquer momento. Basta olhar para E.T. e ver o quanto ele dá duro. E ver sua paixão e seu comprometimento. Ele voou pelo país para vir me ver jogar. Ele veio falar em meus acampamentos de liderança juvenil em todos os Estados Unidos. Ele aparece 100%, todas as vezes, sem pedir nada em troca. E não é só para mim. É para todos. Eu o vi dar seu número de telefone para crianças porque ele sabia que elas precisavam de alguém para conversar. Ele faz isso porque é sua vocação. É seu chamado treinar todos nós da maneira que precisarmos. É sua vocação estar em *nossa* equipe.

Temos isso em comum: E. também está no seu time.

— Chris Paul
Estrela da NBA,
Filantropo
e Empreendedor

I

INTRODUÇÃO

VOCÊ É O ÚNICO QUE PODE MUDAR SUA VIDA

Se você está segurando este livro nas mãos agora, ele é para você. Eu o escrevi para você. Você pode até pensar que é loucura, que há milhares de pessoas segurando este mesmo livro em suas mãos, lendo a mesma linha, mas é verdade. Estou falando diretamente com você.

Você se Deve Isso é um manual para ajudá-lo a entender seu poder e propósito. É um guia — com muitas das minhas próprias dificuldades e dos meus triunfos — para o conduzir ao seu porquê e o aproximar do seu potencial. Este livro é para você, onde quer que esteja em sua jornada rumo à grandeza. É um livro com uma mensagem urgente para parar de esperar que os astros se alinhem e a inspiração chegue, para acordar e assumir o controle de sua própria vida. Hoje. Você se deve isso para se tornar total e autenticamente você. Para viver sua vida da maneira que só você pode vivê-la.

Eu gostaria de ter tido este tipo de projeto para me colocar no caminho da grandeza. Passei tantos anos perdido! Passei um longo período da minha vida sem ter intenção! Gastei muito tempo sem perseguir meu propósito. Talvez, se eu tivesse este livro, teria enxergado meus dons e meu poder bem mais cedo. Decerto não teria gastado tantos anos me sentindo uma vítima, sozinho, corroído pelo que outras pessoas pensavam de mim.

Depois de muitos tropeços e muitos erros, finalmente encontrei meu caminho em direção ao propósito. Hoje sou abençoado por falar para uma audiência que é tão grande e diversa. Agora sou palestrante e coach motivacional conhecido internacionalmente. Tenho sorte de trabalhar com pessoas ricas, pobres, negras, brancas, de meia-idade. Até mesmo octogenários. Falo com pessoas famosas e com aqueles que me param na rua porque sabem meu nome.

Mas os primeiros a me seguirem foram as crianças. Isso aconteceu porque, naquele tempo, comecei trabalhando com elas. Na faculdade, conversei com meus colegas em Oakwood em Huntsville, Alabama. E então comecei a ajudar os que abandonaram o ensino médio a obter seus GEDs[1] , assim como alguém me ajudou anos antes. Trabalhei em escolas de ensino fundamental e médio. Visitei centros de detenção juvenil e lares adotivos. Ensinei inglês, teatro e oratória em Huntsville, também ensinei crianças com dificuldades na escola, assim como eu. Através de todo esse trabalho, fiquei conhecido como E.T., o "pregador do hip-hop".

Quando o YouTube começou, as crianças foram as primeiras a assistir aos meus vídeos. E, eventualmente, algumas dessas crianças obtiveram sucesso. Se tornaram atletas universitários ou profissionais, empresários

---

1 [N. da T.]: GED é uma sigla em inglês para *General Equivalency Diploma*, Desenvolvimento Educacional Geral em português, que consiste em quatro testes de disciplinas. Se aprovado, dá ao realizador da prova um certificado de habilidades que correspondente ao do ensino médio. O GED é uma alternativa ao diploma do ensino médio.

e educadores, comediantes, atores e músicos. Essas crianças cresceram e me levaram junto. E são aos jovens a quem devo este livro. Especialmente aquelas que cresceram sem pais, que lutaram contra dificuldades de aprendizado ou traumas, crianças que causavam problemas como eu.

Quando vou a escolas, prisões, vestiários da NBA e *training camps* da NFL, para a Austrália ou Los Angeles, Detroit ou Londres, Alabama ou França, a reação é a mesma: todos me ouvem e sabem que estou falando com eles. Digo a eles que *este* é o momento. Que é questão de vida ou morte. Este é o momento de se levantar e mudar sua vida. Não se trata de dinheiro, nem de fama, ou de diploma, do touchdown ou do cheque no final de uma árdua temporada. Trata-se de levantar todos os dias, entender seu poder, caminhar com propósito, saber o que você quer e passar cada minuto de sua vida indo atrás disso.

Este livro é baseado em muito outros que li antes dele: *Think and Grow Rich: A Black Choice*, de Dennis Kimbro, *Visions for Black Men*, de Dr. Na'im Akbar, *A Trilha Menos Percorrida*, de M. Scott Peck — e minhas experiências em livros de autopublicação como *The Secret to Success* e *The Grind* —, mas espero que minha obra seja única. Grande parte dos trabalhos que li são difíceis, acadêmicos e complexos. Minha mensagem é profunda, mas também é simples. Quero que consiga ler esse livro e entender sua mensagem aos 12 ou 40 anos. Quero que consiga ler este livro independentemente de onde você é ou seu grau de escolaridade. Quero que minha mensagem seja clara para todos.

Minha mensagem é: só você pode mudar sua vida. Você é a única pessoa que pode determinar seu valor. É o único que verdadeiramente pode escolher seu propósito e encontrar o caminho para a grandeza. O único que pode identificar sua diferença e usá-la a seu favor. Só você pode se ajudar.

Eu estive onde você está. Estou falando com todos que sentem que estão vivendo à margem. Aqueles que sentem que o mundo não foi feito para eles. Dividimos a mesma experiência de ter dificuldade para entender um idioma que não sabemos que existe. Sentimos urgência de vida ou morte para o que quer que esteja acontecendo — criar os filhos, pagar o aluguel, cuidar do cônjuge doente, jogar o jogo mais importante da vida, fazer uma prova que ditará se continua estudando naquela escola. Somos humanos. Todos sentimos essas coisas se nos permitirmos. Então, quando estou falando com essas pessoas, estou falando com você.

Porque meu trabalho e eu somos inseparáveis, ele sempre foi sobre o que significa ser um homem negro neste país, tentando alcançar o sonho americano. Mas isso não significa bancar a vítima de nenhuma das minhas circunstâncias — raça, sexo, idade ou status socioeconômico. Isso significa escrever sua própria narrativa e reivindicar seu lugar no mundo, não importa qual seja a percepção que o mundo tem de você. Já agi como vítima. Pensei que o mundo estava contra mim. Fiquei sem-teto. Virei as costas para minha família e recusei assumir a responsabilidade por minhas escolhas. Eu comi de latas de lixo. Dormi em prédios abandonados. Tomei decisões que me colocaram nessas posições e neguei minha responsabilidade em tudo isso. Assumi uma mentalidade de vítima e, por fim, encontrei uma saída para me tornar um vencedor.

Na realidade, existem muitos segredos para o sucesso. Um deles é querê-lo tanto quanto você quer respirar. Mas isso é só o começo. Ser bem-sucedido também é saber que a única pessoa atrapalhando seu sucesso é você. É enxergar seu poder e, em seguida, encontrar seu propósito e caminhar nele. Trata-se de se conhecer e ver com tanta clareza quem você é, então poder responder ao mundo ao seu redor e descobrir oportunidades em troca. Trata-se de descobrir o seu porquê — a sua razão para se levantar de manhã e trabalhar duro. É saber quando você tem que desistir de algo bom por algo ótimo. É alcançar seu potencial. É ver que, em algum momento, você se deve ser ótimo.

Mesmo que você tenha acabado de tomar conhecimento da minha existência, eu já estou aqui há muito tempo. Trabalho nisso de palestrar há mais de trinta anos. Mas também sou pastor, educador e conselheiro. Eu treino atletas profissionais individualmente. Trabalho com membros da minha comunidade por meio de aconselhamento matrimonial e familiar. Eu oro com milhares de pessoas todas as semanas, em todo o mundo. Eu ensino em universidades e em prisões. Trabalho com CEOs de empresas da Fortune 500 na formação de equipes e crescimento pessoal. Cada parte do meu trabalho vem a partir do trabalho comigo mesmo, lutando contra meus próprios problemas, estudando e buscando a excelência. Eu venho descobrindo quem eu sou e qual é o meu propósito durante toda a minha vida. Todos os dias, chego mais próximo do meu potencial, desperto para o meu porquê, desisto de coisas boas para conseguir as ótimas. Esse tem sido um longo caminho, de verdade. Mas estou aqui para dizer que valeu a pena. A viagem é o que importa. O ponto principal é a jornada. Não cheguei aqui desejando.

Cheguei aqui porque fiz uma viagem. E ainda estou fazendo. E, agora, você também.

CAPÍTULO

1

É Você versus Você

QUANDO VOCÊ ASSUME A LIDERANÇA, TORNA-SE O CEO DA PRÓPRIA VIDA.

Hoje, entro em lugares privilegiados inimagináveis, desde vestiários da NBA até as salas de reuniões das empresas da Fortune 500. Mas minha versão mais jovem nunca ousaria imaginar que o garoto que brincava no quarteirão de Detroit pudesse ter tal vida.

Não havia muitas expectativas para mim quando eu era criança. Nasci em Chicago e cresci em Detroit na década de 1970. Naquela época, se você fosse operário em Detroit, seu destino já estava traçado: você se graduava no ensino médio, conseguia um emprego na Ford, General Motors ou Chrysler, começava uma família, trabalhava na linha de montagem pelos próximos quarenta anos, se aposentava e recebia da previdência social. Era assim que minha vida deveria ser. E essa não teria sido uma forma ruim de fazer as coisas. Foi como meus pais fizeram. Era assim que muitas pessoas faziam antigamente, e essa era uma vida doce.

Você deve se lembrar do seguinte: não havia muitas expectativas porque já era bom que estivéssemos vivendo. Meus bisavós eram meeiros. Os pais deles foram escravizados. Meus pais terem uma casa e carros, e minha mãe ter um jardim para cuidar e um emprego na Ford Motor Company para ir todos os dias estava além de qualquer expectativa sonhada por meus ancestrais. Quando a sobrevivência é o objetivo, como você pode sequer pensar sobre qual pode ser o seu propósito maior?

Para que você possa entender como cresci, preciso contar como minha mãe, Vernessa Craig, cresceu. Se alguém perguntar a Vernessa o que era esperado dela, ela dirá: nada. Então lhe contará como conseguiu sobreviver na década de 1960 em Chicago, no auge da segregação. Ela lhe dirá que, por ser uma das 14 crianças em um apartamento de 74 metros quadrados na parte sul, não havia expectativas sobre ela porque, pra começo de conversa, nem sequer havia esperança.

Seus avós nasceram na era Jim Crow, uma época em que os afro-americanos eram limitados por sua cor de pele e não tinham permissão para dividir espaço com os brancos. Vagões de trem, bebedouros, banheiros, hotéis — minha família foi impedida de ter a dignidade de comungar em locais públicos com pessoas brancas. O pai da minha mãe era do interior de Selma, Alabama. A mãe dela veio de Sardas, Alabama. Esses lugares eram carentes, rurais e ainda funcionavam com um sistema que era, basicamente, escravagista em tudo, menos no nome. Suas famílias mal ganhavam a vida com base na servidão por contrato, entregando uma parte de suas colheitas ao proprietário da terra para sobreviver. Mas, assim como outros seis milhões de afro-americanos ao longo de cerca de 65 anos, eles finalmente retomaram suas vidas e partiram para um futuro melhor no Norte.

Os meus avós, Jessie McWilliams e Mary Craig, e os pais deles desembarcaram em Detroit por volta de 1940. Todos eram crianças quando viajaram de trem do Alabama e se estabeleceram em um bairro chamado Black Bottom, famoso pela união da comunidade negra. Lá, todos trabalhavam juntos, se alimentavam e tomavam conta uns dos outros.

Um dos oito filhos, Jessie McWilliams — filho de Eva e Aaron McWilliams — veio da Irlanda com seus pais durante a Grande Fome. Jessie era birracial de pele mais clara, podendo se passar por cubano ou italiano, então ele podia ir e vir pelo mundo com mais liberdade do que um homem preto.

Minha bisavó por parte de mãe, Kate Gardner, morreu ao dar à luz minha avó, Mary Kate Craig. Minha mãe fala sobre o grande buraco que isso deixou na alma de Mary e como ela foi retraída e distante a maior parte de sua vida. Ela nunca falava sobre seu passado. Filha única de seus pais, Mary foi criada por uma madrasta que era essencialmente sua ama de leite e que teve outros dez filhos com o pai de Mary, Fred. Ela sempre se sentiu alienada, não conseguia se conectar ao resto da família. Eu me lembro de, quando era criança, sentir que minha avó era séria e metódica — uma verdadeira provedora, focada em dar à família o que eles precisavam para sobreviver ao próximo dia. Claro, quando criança eu não entendia por que minha avó parecia distante. Mas, pensando em como essas mulheres cresceram, criaram seus filhos e se criaram sem qualquer ajuda, posso entender agora como isso pode tê-las impedido de expressar toda sua gama de emoções.

Meus avós, Mary Craig e Jessie McWilliams, se conheceram em Detroit, tiveram três filhos e nunca se casaram. Em dado momento, Jessie foi embora. Mary conheceu o Sr. Braxton, padrasto da minha mãe. Eles se mudaram para Chicago e tiveram mais onze filhos. Minha mãe cresceu pensando que seu pai estava morto, até que, um dia, quando ela tinha entre 10 ou 11 anos, ele apareceu. E ela não o distinguia de Adam. Ela se lembra de como seu pai parecia branco e que a mulher com quem ele veio, sua madrasta, Bernice, era branca. Levou muito tempo para ela aceitar quem ele era, mas os dois acabaram se aproximando e Bernice lutou para normalizar seu relacionamento. A família de seu padrasto favorecia os filhos dele, que eram mais escuros, mais do que ela e suas duas irmãs, mas, apesar das linhagens complexas, as crianças cresceram tratando umas às outras como irmãos completos e desconsiderando a política dos tons de sua negritude.

Ao explicar a dinâmica emaranhada de minha árvore genealógica, quero mostrar como minha história pessoal foi construída em uma base instável. Não havia certeza para minha família na sociedade, assim como também não havia em suas vidas privadas. Havia constante preocupação quanto a ter o básico para sobrevivência. Havia um padrão de homens desaparecendo enquanto as mulheres eram deixadas para cuidar de si e de seus filhos. Isso criou uma dinâmica disfuncional e um ciclo de imprevisibilidade. Como pensar a respeito de criar uma vida de realizações quando se está vivendo na extrema pobreza?

Vernessa Craig engravidou aos 17 anos e me deu à luz aos 18. Ela ficou entre as dez primeiras da classe na Dunbar High School, uma escola técnica profissional, onde é preciso ter pontuações excepcionais nos testes para ser aceito. Porém, no passado, eles expulsavam garotas do ensino médio por engravidarem. Por sorte, um de seus conselheiros lhe contou um segredo que a escola não gostava de compartilhar com meninas grávidas: ela ainda poderia se formar se fizesse os testes e passasse. E foi o que ela fez. Também tentou fazer com que o relacionamento com meu pai biológico, um garoto chamado Gerald Munday que ela conheceu em Dunbar, desse certo. Minha mãe se lembra que ele era diferente do resto dos rapazes do bairro. Ele não era membro de nenhuma gangue e não era um encrenqueiro. Mas, no final das contas, não estava interessado em ajudá-la criar a mim, Eric Munday.

Quando minha mãe conheceu Jesse Thomas, um homem de 1,80m que jogava basquete no Texas Southern, eles viraram amigos. Era 1972. Ela tinha 20 anos e um filho de 2 anos. Jesse achou que ficaria com uma mulher alta, tipo jogadora de vôlei. Tipo dona de casa. Minha mãe tem 1,50m e definitivamente não é uma dona de casa. Mas os dois começaram a conversar, e ele a entendeu e se atraiu por sua vontade e inteligência. Ele disse que queria filhos, o que significava que eu não era um obstáculo. Na verdade, ele queria me adotar. Os dois se casaram, minha mãe se tornou Vernessa Thomas, e, depois que Jesse a convenceu a se mudar para Detroit — um lugar onde, se trabalhassem duro, poderiam ter uma casa, um quintal e encontrar bons empregos —, Jesse entrou com um pedido de adoção no tribunal. Em 1974, tornei-me Eric Thomas, filho de Jesse. Eles nunca me contaram que ele não era meu pai biológico. Era como as coisas eram. Eu cresci acreditando nisso.

Eles moraram de aluguel em Detroit por um tempo, mas acabaram se estabelecendo na 8 Mile & Braile em uma casa de tijolos de três quartos em um terreno de esquina. Minha mãe nunca imaginou que poderia ter uma casa ou esse tipo de vida, mas trabalhou muito para conseguir isso e gostava dessa vida. Naquela época, ainda havia fronteiras raciais. A cidade, como a maioria das cidades norte-americanas, era segregada. Não se deveria ir dois quarteirões ao norte da 8 Mile. Vez ou outra nós nos aventurávamos até a 7 Mile, mas não íamos para a 6 Mile ou a 9 Mile. Havia uma regra tácita para o raio de pouco mais de um quilômetro.

Quando eu era criança, Detroit era linda. Vibrante. Tínhamos um profundo orgulho da cidade. O ideal norte-americano médio *era* Detroit. O mundo inteiro escutava nossa música e dirigia os nossos carros. Naquela época, Coleman Young era o primeiro prefeito negro da cidade e o Motown estava no topo das paradas — Temptations, Supremes, Isley Brothers, Clark Sisters. Quando ficávamos sabendo que Diana Ross estava na cidade, ou que Michael Jackson estava chegando, e eu meus amigos íamos para a esquina, olhando para longe, fingindo que poderíamos ter um vislumbre de uma limusine a caminho do Estúdio de estuque azul de Berry Gordy. Minha avó morava por lá, e só de estar pelas redondezas já dava um arrepio. Naquela época, Detroit também se preocupava com os direitos civis. Diziam que Rosa Parks estava palestrando no centro da cidade e, às vezes, os adultos falavam sobre a vez em que Martin Luther King Jr. fez o discurso da Caminhada para a Liberdade. A memória de Malcolm X, que passou um tempo em Lansing e foi assassinado apenas uma década antes, ainda estava bem viva.

Como faço até hoje, costumava acordar antes de todo mundo. Ao raiar do dia, eu estaria no quarteirão esperando que meus amigos se levantassem, esperando que os veteranos saíssem da cama. Durante todo o verão, ficávamos fora o dia todo, andando por aí ou jogando futebol na rua. Achei que seria o próximo Carl Lewis, correndo os 100 metros rasos nas Olimpíadas. Ou, se não fosse isso, jogaria na NFL.

Quase todo fim de semana, minha mãe levava minhas irmãs e eu de volta a Chicago para visitar a família. Seus irmãos ainda estavam lá, todos eles eram próximos. Os verões em Chicago eram iluminados. À noite, as pessoas traziam suas caixas de som para a esquina, e todo mundo se reunia por ali, música techno no máximo, dançando na rua. Chicago era um pouco mais perigosa que Detroit, mas meu primo mais velho, Randy, era legal com todos, então sabíamos que estávamos seguros. Saíamos para pescar nas docas, comprar doces na Dominic's, roubar caixas de cereal dos trens que entregavam mantimentos, olhar as meninas pularem corda. A vida era confortável e eu não conhecia nada diferente.

Mas, quando estava por volta dos 11 ou 12 anos de idade, comecei a questionar certas coisas. Escutava as conversas dos vizinhos. Ouvia minhas tias dizendo coisas. Algumas das crianças do quarteirão costumavam me provocar, dizendo que meu pai não era meu pai. Sempre que competíamos, jogando cartas ou basquete, partíamos para o insulto e fazíamos piadas no estilo "sua mãe". Para mim, eles sempre respondiam com "Esse não é o seu pai de verdade". Em algum momento, a gente começa a questionar se há algum fundo de verdade nessas coisas.

Então, em um dia, depois da escola, vasculhei a casa. Vasculhei prateleiras, caixas e armários até encontrar o que procurava. Lá estava, no quarto da minha mãe, em uma gaveta: minha certidão de nascimento. O nome sob o espaço "pai" não era Jesse Thomas. Fiquei arrasado, mas sabia que era verdade. Era uma verdade que eu vinha evitando porque não queria saber. Ao mesmo tempo, também estava incrédulo. Só conseguia pensar que mentiram para mim. Minha família inteira estava mentindo para mim. O mais devastador, porém, foi que minha mãe, a pessoa mais importante para mim — a pessoa que me criou — mentiu para mim o tempo todo.

Eu precisava ouvir dela. Então liguei para ela no trabalho. Quando perguntei a minha mãe sobre esse dia, ela disse que minha voz soou diferente quando ela atendeu o telefone, e imediatamente soube que havia algo errado. Eu lhe disse que precisava fazer uma pergunta. E que acreditaria em tudo o que ela me dissesse. Então eu perguntei, à queima-roupa: meu pai é quem eu penso que é? E ela me contou o que eu já sabia.

Em retrospecto, era bastante óbvio. Eu cresci com três avós. Meu pai tinha 1,80m e eu sempre fui a menor criança da vizinhança. A pele dele é mais escura que a minha e não somos nada parecidos. Havia sussurros e insinuações. Mas, nessa idade, a gente acredita no que dizem até não conseguir mais.

A verdade pode ajudar ou destruir pessoas. Naquele dia, algo dentro de mim foi destruído. Nada foi o mesmo depois disso. Esse conhecimento sufocou tudo o que parecia bom e certo no mundo. Esse sentimento ficou comigo e se incorporou a quem eu sou. Ainda hoje, tenho que lutar muito para não deixar que isso me destrua. O que senti foi que fui enganado da pior maneira possível — e que todos se voltaram contra mim

— e, em vez de enfrentar e trabalhar isso, afastei todos que poderiam me ajudar e me voltei para dentro. Foi aí que as coisas começaram a dar errado para mim.

Quando descobri que o pai que me criou não era meu pai biológico, senti como se algo tivesse sido tirado de mim e tomei consciência de uma parte minha que sempre esteve em falta. De repente, foi como se a vida agisse sobre mim e eu não pudesse controlar ou impedir nada. Estava em crise e estava afundando.

No caminho para o sucesso, você não pode se dar ao luxo de criar desculpas.

Minha forma de lidar com isso foi ficar com raiva. Sou uma criatura emotiva, então, em vez de ficar procurando por evidências empíricas quando as coisas ficam difíceis, eu apenas me afundo em meus sentimentos. Eu não queria nada com meu pai. Eu o via como um adversário. Acho que devo ter internalizado o fato de nunca ter forjado uma conexão emocional com ele e comecei a vê-lo cada vez mais como o marido da minha mãe do que como meu pai. Também comecei a vê-lo como um disciplinador e me ressentia por isso. De alguma forma, acho que queria que minha mãe escolhesse entre mim e meu pai. E quando tudo foi dito e feito, apesar das evidências, apesar do fato de que este homem interveio e me criou como filho dele, apesar do fato de minha mãe ter encontrado um provedor estável para criar uma família, eu escolhi acreditar que ela escolheu a ele, e não a mim.

Procurei conselheiros escolares. Fui a terapeutas. Familiares e vizinhos conversaram comigo. Minha mãe tentou de tudo para reconciliar, mas nada funcionou porque eu não queria que funcionasse. Me senti como em um filme ruim, sentado, tendo conversas curtas com psiquiatras que eram completos estranhos. Eles apertavam o relógio, e esperava-se que eu falasse sobre algo tão íntimo e profundo que eu nem sequer tinha as palavras para tal. Eu me sentia como um rato em um laboratório. Não entendia porque fui eu quem teve que procurar um conselheiro quando foram meus pais que mentiram para mim. Fiquei com tanta raiva que parei de ouvi-los. Comecei a agir mal, matar aula e dormir na casa de amigos. Aos 12 anos, comecei a abandonar o ninho e, aos 17, já havia saído de casa.

A briga que me levou ao meu limite ocorreu em um fim de semana de março do meu primeiro ano no ensino médio. Meus pais foram para Chicago com minhas duas irmãzinhas, Jeneco, de 11 anos, e Malori, de 2. Enquanto eles estavam fora, dei uma festa em casa com meus amigos e comi toda a comida, inclusive alguns bifes que minha mãe tinha comprado para meu pai. Grelhamos as carnes, meus amigos beberam cerveja e todos agíamos como se fôssemos homens. Quando meus pais chegaram em casa, meu pai foi procurar os bifes e então viu que a churrasqueira estava suja e as latas de lixo cheias. Quando minha mãe me disse para sentar, recusei. Meu pai me disse para parar de desrespeitar minha mãe e comecei a me afastar. Antes que eu pudesse passar, ele agarrou meu braço e eu perdi o controle. Eu não havia dito sequer uma palavra até aquele momento. Passei tanto tempo reprimindo meus sentimentos, sofrendo em silêncio, que eu parecia um trem a todo vapor. Nunca xinguei minha mãe antes. Nunca. E então eu não pude evitar. Eu soltei e disse algumas coisas feias. Na minha cabeça, meus pais estavam sendo hipócritas — eles falavam sobre respeito e integridade, mas, quando se tratava dos detalhes vitais da minha vida, senti que haviam me desrespeitado e me mantido no escuro. Minha raiva e amargura chegaram ao auge e não podiam mais ser contidas. Eu saí de casa. Era uma tarde de domingo. Todo mundo na vizinhança estava fora e todos viram.

Naquele dia, outra coisa em mim se quebrou. Senti como se tivesse chegado ao fim de uma estrada muito longa e só me restava desviar e seguir meu próprio caminho. Eu não queria mais ninguém me dizendo o que fazer, especialmente alguém que eu sentia não ter autoridade para tal. Saí de casa de vez. Saí com a roupa do corpo e nada mais. Naquela primeira noite, dormi no quintal entre os arbustos e a parede da casa. Detroit é úmido, lamacento e cinza em março. Pela manhã, meus ossos estavam rígidos de frio, mas senti que qualquer coisa era melhor do que voltar. Quando o ônibus chegou, eu nunca estive tão animado para ir para a escola. Usei a mesma roupa por dois ou três dias e dormi no quintal mais algumas vezes. Por fim, comecei a vagar para cada vez mais longe de casa.

Na época em que saí de casa, Detroit estava ficando mais perigosa. Era 1986, e a gangue YBI, Young Boys Incorporated, estava surgindo e vendendo drogas na cidade. Os brancos estavam se distanciando cada vez mais do centro da cidade. Eu dormia na casa de um amigo em algumas noites, mas em outras eu dormia em prédios vazios, com frio e fome. Ouvia roedores correndo perto da minha cabeça e tiros do lado de fora. Eu não podia ficar em um lugar mais do que dois ou três dias seguidos porque as pessoas poderiam conhecer meus hábitos, tirar tudo de mim, ou coisa pior. Tinha tanta fome que comecei a vasculhar as lixeiras dos supermercados, onde jogavam coisas fora da data de validade, ou o lixo perto de lanchonetes, onde jogavam as sobras após um turno.

Você pode trocar de ares, mas, até que mude a si, nada jamais se transformará.

Quando saí de casa, não tinha nada. Eu era tão ignorante que não pensava no que faria para ter abrigo, comida ou aquecimento. Eu não tinha identidade, dinheiro nem roupa limpa. E não havia celulares naquela época. Se eu quisesse falar com alguém, tinha que pegar o telefone público ou procurar pela pessoa. Mas a realidade da minha situação não me atingiu até cerca de uma semana depois que eu saí. Lembro-me de que estava caminhando na 12 Mile perto da Evergreen quando a chuva começou a cair. Tudo o que eu tinha era uma jaqueta Starter e um boné de beisebol. Entrei em uma loja de bebidas, comprei um pouco de Faygo vermelho e batatas fritas e tentei parecer ocupado por um tempo, mas quando você é um adolescente negro vagando por uma loja de bebidas árabes em Detroit, você só pode cruzar os corredores um determinado número de vezes antes que alguém suspeite.

Logo depois daquela noite, liguei para minha mãe e, embora ela não concordasse com minha decisão de ir embora, continuou a me amar e me apoiar quando eu permiti. Ela até me ajudou a tirar minha habilitação e me abençoou com um carro para que eu pudesse me locomover. Às vezes eu dormia nele quando não podia ficar com um amigo ou quando estava muito frio para ficar em um prédio aberto. Mas dormir na rua não era sustentável nem seguro, então peguei o turno da noite no McDonald's, trabalhando das cinco da tarde às cinco da manhã para que eu tivesse um lugar para ficar à noite. Era um McDonald's 24 horas na esquina da Finkle com a Wyoming. Começava no turno do jantar e seguia até o turno do café da manhã. Durante todo esse tempo eu ainda estava indo à escola, tentando esconder o fato de que era um sem-teto. Depois do meu turno da noite no Méqui, eu tinha mais algumas horas antes de ir para a escola, então parava na casa de um amigo cuja mãe tinha que sair para trabalhar às seis da manhã e dormia um pouco.

Acho que, naquela época, não me considerava um sem-teto. Eu simplesmente não morava em casa. Passei tanto tempo sozinho na escuridão que comecei a me tornar ela também. Eu sentia que não tinha controle sobre nada. Fiquei ressentido. Eu ainda estava com muita raiva. Culpei minha mãe e o pai que estava me criando por tudo que estava dando errado em minha vida. Houve momentos em que pensei em fazer coisas ruins para mim mesmo. Nunca planejei fazer nada específico. Eu apenas me deixei cair em uma depressão, que era como uma névoa, eu não conseguia enxergar. Quando conto a vocês tudo isto hoje, posso lhes assegurar que este estado ia contra a minha natureza. Não sou propenso a depressão ou doença mental — esse é um desafio que teria complicado muito mais as coisas, eu sei. Sou uma pessoa naturalmente otimista, alto-astral e sociável. Meu estado natural é efusivo e enérgico. Eu prospero quando estou rodeado de pessoas. Mas, quando saí de casa, escolhi ser uma vítima das minhas circunstâncias. Escolhi começar a me machucar.

Quando se é jovem, seus pais lhe dizem o que fazer. Eles lhe dão o que é preciso para sobreviver. Decidem o que você veste, o que come, lhe mostram como andar e falar. Eles o buscam na escola e pagam as contas da casa onde você vive. Mesmo que não estejam ensinando, estão lhe dando o exemplo. Quando você é criança, felizmente não sabe que um dia será responsável por si mesmo. E então, um dia, está tudo por sua conta. A partir daí, ninguém mais lhe deve nada.

Fui um sem-teto. Eu escolhi isso. Me fiz de vítima porque pensei que o mundo havia me maltratado. Eu pensava que minha mãe estava errada. Achava que ela preferia o marido a mim. Não conseguia ver que o que ela tinha feito era encontrar um homem forte que cuidasse dela e de sua família, um homem que se colocasse à frente para me criar como seu filho. Na minha versão da história, fui injustiçado. Eu era uma vítima. Mas, na realidade, eu estava trabalhando contra mim mesmo.

Abandonei o ensino médio. Por fim, consegui meu GED e fui para a faculdade, mas, mesmo depois disso, mesmo depois de conhecer minha futura esposa Dede e nos casarmos, ainda fiz o papel de vítima. Joguei videogame e faltei a testes. Não entreguei trabalhos nem estudei. E sabe de uma coisa? Assim como no ensino médio, também fui expulso da faculdade. Continuei presumindo que outra pessoa era responsável por mim. Fiquei pensando que outra pessoa viria e cuidaria disso.

Você pode ser uma Vítima ou um Vencedor, a Escolha é sua

A vitimização é um mindset. Uma atitude que você mantém e que o leva a tomar certas decisões ou agir de determinada maneira. Vitimização é quando o mundo age sobre você. É quando você depende do mundo para ditar sua vida. A vitimização é quando você espera que o mundo lhe forneça as ferramentas para seguir em frente. É quando você cede o controle a alguém ou algo. Eis a questão: ao deixar o mundo ter esse poder, você está jogando roleta-russa com sua vida. Você não sabe onde vai estacionar porque não está dirigindo o carro. Mas, quando começar a assumir o controle, descobrirá que tem o poder de mudar sua perspectiva e se tornar um vencedor em sua jornada.

A realidade é: quando a crise chegou, eu escolhi ser a vítima. E, com essa escolha, eu me machuquei. Agarrei-me à minha dor, deixei que ela adentrasse em mim e assumisse o controle. Eu estava determinado a acreditar que outra pessoa bagunçou minha vida, mas ninguém me expulsou de casa. Ninguém me disse para sair. E ninguém ficou mais magoado com minha decisão do que eu. *Escolhi* morar em prédios vazios. *Escolhi* comer de latas de lixo. *Escolhi* levar isso mais longe do que precisava.

As coisas correrão mal em sua vida por muitas vezes. Haverá momentos em que você se sentirá ferido. E você pode se machucar. Você pode ficar chateado e com raiva. Mas sentimentos não são fatos. Eles são sentimentos. Fatos são como você pode se mover através de seus sentimentos. O que eu gostaria de ter dito ao Eric de 16 anos é o seguinte: você pode ficar com raiva, mas fique com raiva em sua casa. Fique com raiva no seu quarto. Você pode ficar chateado, mas fique chateado com um ar-condicionado e um teto sobre sua cabeça. Você pode ficar triste, mas fique triste com comida na mesa e roupa limpa no corpo. Você não precisa sabotar toda a sua vida para ter seus sentimentos. Você pode ter seus sentimentos, mas não precisa ser uma vítima.

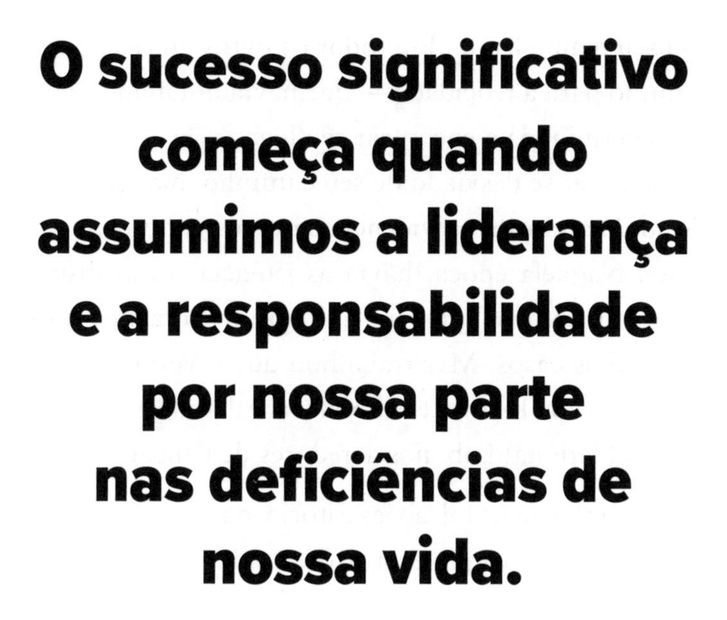

Agora a parte boa: quando você abandona a mentalidade de vítima e assume a liderança, quando assume a responsabilidade, quando assume o controle, você é o chefe. É o CEO da sua vida. Não haverá partes da sua vida sem sucesso se você assumir a responsabilidade. A única pessoa contra quem você está trabalhando é você mesmo. É você versus você. Depois de perceber que você é a única pessoa atrapalhando seu próprio progresso, é possível mudar o padrão.

Quando penso em alguém que desafia a vitimização, penso em Vernessa Craig. Apesar de não ter expectativas sobre ela, apesar de ter crescido com a assistência social, apesar de ter menos recursos do que eu, minha mãe nunca agiu como vítima de suas circunstâncias. Ela era obstinada. E sabia que ninguém lhe daria nada.

Depois de ser agredida aos 9 ou 10 anos, ela ficou muda por um tempo como resultado do trauma. Foi ridicularizada por seus colegas e gastou todo seu tempo lendo. Em todos os livros que leu, ela viu que havia um caminho para a felicidade — que havia um mundo do outro lado e ela estava determinada a encontrar seu lugar nele. Quando engravidou de mim, poderia ter se desviado de seu caminho, mas isso a deixou ainda mais decidida a sair da previdência e me sustentar como uma pessoa independente. Naquela época, havia assistência social disponível para mulheres com filhos, mas que não tinham um homem em casa. Ela se encaixava nos dois casos. Mas trabalhou duro. Vernessa conseguiu seu primeiro emprego aos 14 anos e acabou trabalhando em um cargo público no Argonne National Lab, nos arredores de Chicago.

Em 1973, minha mãe foi ao escritório da assistência social e disse a um assistente social que estava deixando o benefício, mas, antes disso, precisava de um vale para comprar uma máquina de lavar e um conjunto de quarto. Ele a olhou como se ela fosse realmente corajosa por pedir algo tão extravagante, mas a respeitou por isso e concordou. Naquela época, as mulheres negras eram ensinadas a ser submissas, mas minha mãe nunca foi. Vernessa sempre foi assertiva e sempre pedia o que queria. Dirigiu-se à loja de móveis Polk Brothers, na rua Cicero, se sentindo vencedora. Ficava do lado errado de Halstead, mas a loja tinha móveis melhores do que ela poderia encontrar em seu bairro. Depois de comprar o conjunto de quarto, ela começou a caminhar de volta para o ponto de ônibus. Aquele lado da cidade era assustador para os negros. Havia lugares em Chicago onde os brancos nos olhavam e nos faziam sentir indesejados, mas na Cicero eles diziam todo o tipo de coisa, talvez até puxassem briga. Alguns homens começaram a importunar minha mãe, chamando-a pela palavra com a letra C, seguindo-a e deixando-a nervosa. Felizmente, um ônibus parou e ela entrou o mais rápido que pôde. Ela se lembra do motorista negro com raiva dela, fazendo-a prometer que nunca mais voltaria para a Cicero. Ela diz que ele pode tê-la salvado de algo terrível, mas ela também jurou que não viveria assim pelo resto de sua vida.

Quando penso neste momento, imaginando minha mãe andando por uma parte de Chicago onde ela não deveria estar, comprando um conjunto de quarto que ela não podia pagar, consigo enxergá-lo, claro como o dia. Minha mãe sempre foi assim. Apesar do mundo em que ela cresceu, apesar do fato de que as leis e o sistema estavam contra ela e de que os poderes a consideravam inferior, ela nunca agiu como uma vítima de suas circunstâncias.

Quando penso em como alguém que amo atravessou uma crise de forma produtiva, penso em meu amigo, o orador Inky Johnson. Inky cresceu em Kirkwood, Geórgia, em uma pequena casa com quatorze pessoas. Inky sabia desde o primeiro dia que seria uma estrela do futebol. O menino tem 1,70m e pesa 81 quilos em bons momentos. Mas ele trabalhou duro. Quando criança, fazia exercícios até que os postes de luz se apagassem e, mesmo assim, continuava sob o brilho dos faróis do carro de sua mãe. Até que chegou à Universidade do Tennessee como cornerback titular. Inky estava vivendo seu sonho. Todo mundo sabia o nome dele e se falava em uma carreira na NFL. Inky pensou que poderia comprar uma casa para sua mãe, formar sua família com algumas economias. Mas, no segundo ano, em um jogo contra a Força Aérea, Inky atacou alguém com tanta força que teve que ser carregado para fora do campo. Ele quase morreu de hemorragia interna. Após horas de cirurgia e trabalho reconstrutivo para reparar danos nos vasos sanguíneos, Inky perdeu todo o uso do braço direito. Tudo pelo que ele estava trabalhando até aquele momento se foi.

Mas aqui está a diferença entre o meu eu mais jovem e Inky Johnson. Inky não se tratou como vítima. Ele não começou a andar por aí como se algo tivesse sido feito a ele, mesmo que ele tivesse esse direito. Ele se ergueu e voltou para a escola. Fez mestrado em psicologia do esporte e se tornou um palestrante motivacional como eu. Inky, para mim, é o epítome da pessoa que entende a batalha do "você versus você". Seu corpo não permitiria mais que ele fizesse as coisas que sonhou fazer. Seu corpo se voltou contra ele de uma forma que poderia tê-lo deixado sem esperança, deprimido e sem carreira. Mas Inky viu esse desafio e o encarou. Abandonou a mentalidade de vítima e se desafiou a fazer algo mais. Inky se superou.

Olhe no espelho, aí está sua competição.

Como fazer isso em sua própria vida? Como se livrar da personalidade de vítima? Como parar de se atrapalhar para poder seguir em frente em direção ao seu propósito?

Número um: você precisa assumir a liderança de si mesmo. Suas escolhas são suas e de mais ninguém. Da mesma forma que você responsabiliza outras pessoas por se atrasarem, por não pagarem em dia, ou o fecharem em um semáforo, você deve se responsabilizar. Não importa onde esteja na vida, você tem o poder de assumir a liderança. Muitos de nós começamos lá de trás. Muitos nem começam. Minha avó não teve as oportunidades que minha mãe teve. Minha mãe não teve as oportunidades que eu tenho. Hoje, elas ficam surpresas com suas contribuições.

Elas não conseguem acreditar que estou onde estou. Ou que meus filhos estão onde estão. Mas é porque elas assumiram a liderança de suas próprias vidas. É porque eu assumi a da minha. Parei de bancar a vítima e assumi o controle.

Quando me tornei um sem-teto, tive que lidar com o fato de que eu não tinha propósito, plano, motivação e padrões. Em dado momento, afastei tantas pessoas que tive que enxergar como fui o único responsável por me colocar em situações de risco, por roubar comida, por passar frio e fome. Ninguém me expulsou de casa. Ninguém me disse que eu não poderia dormir na minha própria cama. Sim, minha mãe e minha família decidiram esconder de mim informações sobre meu pai biológico, mas essa foi uma escolha deles, não minha. Embora por um lado eu estivesse livre das escolhas de outras pessoas sobre minha vida, ainda não havia feito a conexão de que agora era eu quem fazia as escolhas, e essas escolhas eram minhas.

Número dois: você precisa assumir suas decisões. Sim, crises acontecem. Os empregos são perdidos. Familiares adoecem. O dinheiro pode estar curto. Mas se você disser a si mesmo que é uma vítima, não será capaz de superar esses desafios. Os desafios vão lhe sobrepujar e você perderá o controle. Ninguém vai te impedir de ficar no celular o dia todo. Ninguém vai te impedir de se sentar no sofá e assistir à televisão por quatro horas. Ninguém vai te acordar às 5 da manhã para correr, estudar para aquela prova ou procurar um emprego. Isso está por sua conta. A única pessoa que vai fazer isso por você é você mesmo.

Número três: estabeleça um padrão. Quando você não tem um ponto de referência, você se deixa cair. Um objetivo é um desejo intangível, mas um padrão é um terreno sólido. Quer entrar em forma? Defina um padrão de exercício e dieta e cumpra esse padrão. Quer comprar uma casa para sua família? Defina um padrão de economia e, enquanto estiver fazendo isso, pegue um livro e comece a se alfabetizar sobre suas finanças. Quer terminar sua graduação? Estabeleça um padrão para sempre fazer suas tarefas, para memorizar o material, para elevar suas notas. Ninguém vai estabelecer padrões para você. Ninguém vai ler os livros ou ir às aulas por você. Só você pode definir um padrão e segui-lo.

Levei doze anos para conseguir um diploma de quatro anos. Parte disso foi porque eu não estabeleci padrões suficientes para mim. Quando comecei a faculdade, não olhava para a minha vida e não pensava em qual padrão me levaria do ponto A ao B. Naquele momento, fiquei muito feliz por ter um lugar para dormir todas as noites. Meu padrão era tão baixo que eu não conseguia ver que minha educação estava sendo prejudicada. Quando finalmente estava seguro em minha vida, quando pude ver que a única maneira de chegar ao próximo nível era terminar minha graduação e depois fazer meu doutorado, estabeleci um padrão, atingi esse padrão e então o superei.

Número quatro: sem desculpas. Depois de definir um padrão, não há espaço para desculpas. Se você disse que vai fazer algo, então faça. A mente nunca pensa sobre algo que é incapaz de realizar. Se diz que vai acordar às cinco da manhã e não levantar, não arranje desculpas. Admita. E amanhã, ajuste o despertador e acorde às cinco da manhã. Se disser que vai fazer o dever de casa, faça o dever de casa. Não há desculpa para não o fazer.

Eu costumava me deixar escapar sem dar 120% de mim. Não é que eu estivesse desmotivado, é que eu tinha poucas habilidades de gerenciamento de tempo e não estava alcançando todo o meu potencial. Primeiro, não tinha padrões e estrutura. Essas certamente são as ferramentas necessárias para levá-lo ao próximo nível, e darei muito mais detalhes sobre como construir e usar essas ferramentas mais adiante neste livro. Mas, em segundo lugar, também me permiti ser improdutivo e fazer escolhas erradas. Sempre dava um jeito de me desculpar por não ir às aulas ou não fazer o dever de casa. Mesmo mais tarde, depois que entrei na faculdade, sempre houve razões aparentemente válidas para dar desculpas — eu tinha que dar uma aula para o GED ou discursar em algum lugar do campus —, mas isso é uma escolha e questão de prioridades. Eu me permito dar desculpas por não alcançar o próximo nível.

Depois de se perceber como a única pessoa que atrapalha o seu sucesso, você começará a ver o progresso, eu prometo. Não há mais ninguém que possa mudar suas circunstâncias além de você.

Agora considere: assim que você perceber sua responsabilidade sobre si, você pode olhar em volta e ver que existem pessoas que lhe darão suporte. Existem pessoas que podem ajudá-lo a se aproximar do padrão que você está tentando alcançar. Existem recursos nos quais você pode confiar para progredir. Uma vez que você está trabalhando consigo em vez de contra você, poderá ver que a única coisa no caminho do resto de sua vida é você mesmo.

A Tarefa

1. Qual foi o último desafio que você enfrentou em sua vida, grande ou pequeno? Qual foi seu primeiro instinto quando esse desafio surgiu? Como você lidou com o desafio? Quais foram os resultados? Quando foi a última vez que você se sentiu impotente, como se não estivesse no controle?
2. Agora, volte a esse desafio ou situação em que você se sentiu fora de controle e analise como poderia ter abordado isso de maneira diferente. Veja se você estava imerso em seus sentimentos. Analise os fatos. Imagine como os resultados poderiam ter mudado se você tivesse pisado fora desse desafio e o contornasse.

Desafio: Você prevê um desafio pela frente? Faça o mesmo exercício, projetando como você lidará com isso no futuro. Imagine as possibilidades de como seria se você assumisse o controle. Faça uma pausa para considerar como você pode mudar os resultados do desafio, com base em como você lida com ele.

CAPÍTULO

Você Nunca Está Nessa Sozinho

VOCÊ SÓ ESTÁ SOZINHO QUANDO DIZ ISSO A SI MESMO.

Ao crescer, acho que internalizei algumas coisas profundas sobre escravidão, herança e o meu passado. Tudo ainda parecia muito familiar quando eu era criança assistindo *Roots* ou aprendendo na escola sobre a escravização do meu povo. Por que eu precisava ir à escola e conseguir um emprego que alguém me disse que eu precisava conseguir? Por que precisava seguir regras de outras pessoas que nada tinham a ver com a forma como eu queria viver a minha vida? Sentia que os outros tentavam dominar meu tempo e mente. Quando meu pai, que me criou, me disciplinava, sentia que ele estava bancando o senhor dos escravos. Quando minha mãe escondeu informações de mim, senti que ela estava tentando manipular os fatos sobre minha vida. Então, para reaver algum controle, senti que precisava deixá-los de fora. Estava na mentalidade daquele menino vítima. E quando entrava nessa mentalidade, excluía a todos e começava a me dizer que estava sozinho.

Mas agora eu sei: se você diz a si mesmo que está sozinho, então você está. A solidão faz parte da mentalidade de vítima. Esta é a mentalidade de alguém a quem as coisas acontecem. Ao agir como uma vítima, você se fecha para a comunicação e os relacionamentos. Você se coloca contra o mundo. Se enterra em um buraco escuro onde ninguém mais pode vê-lo ou tocá-lo. Se fecha para possíveis soluções. Mas, na realidade, você nunca está sozinho. A percepção de que é você versus o mundo é uma construção. O mundo não conspira contra você. Você conspira contra si próprio. É você versus você. Ninguém pode lhe dizer que você está sozinho, exceto você mesmo.

As pessoas ou o inspiram à grandeza ou o puxam para a sarjeta. Ninguém fracassa nem é bem sucedido sozinho.

Quando descobri que tinha pai biológico, fechei todos os canais de comunicação e soluções. Excluí todos que tinham algo a ver com minha família — minhas tias, avós, família, amigos. Pensei comigo mesmo: "Estou sozinho" e, portanto, realmente estava. Mas não era verdade. Minha mãe não foi a lugar nenhum. Estamos juntos desde o dia em que nasci. Minhas tias e minhas avós, meu pai de criação — todos ainda estavam por perto. Fui eu quem os deixou.

Para me afastar da minha família, comecei a passar mais tempo fora do meu bairro, principalmente com meu amigo, Bob. Os pais dele eram viciados em heroína, o pai foi baleado oito vezes e morreu quando Bob estava no ensino médio. A mãe ainda estava lidando com sua própria recuperação quando o avô de Bob interveio. Vovô — ou Elder King, como era chamado na igreja — levou Bob e seus irmãos Bill, Marky e Wayne para sua casa de três quartos na 7 Mile, onde a sua avódrasta, seus dois netos e filha já estavam morando. O vovô havia terminado o porão com quatro beliches, um banheiro e uma área de estar, onde passávamos a maior parte do tempo.

A 7 Mile era totalmente diferente da 8 Mile. Enquanto meu bairro ficava mais próximo de Southfield, um lugar mais tranquilo e suburbano, a 7 Mile ficava bem próxima ao centro de Detroit. Enquanto a 8 Mile era formada principalmente por famílias nucleares seguindo tradições do Meio-Oeste — casa, quintal, filhos, carros na garagem, empregos na Ford, Chrysler ou GM —, a 7 Mile contava com famílias mais multigeracionais. Algumas pessoas tinham empregos e outras não. Um cenário social e econômico totalmente diferente a apenas pouco mais de um quilômetro e meio e mais alguns quarteirões do meu mundo protegido. Algumas ruas eram boas, mas, se você andasse pelo quarteirão errado, precisaria se cuidar.

Bob e eu frequentamos o ensino médio na Henry Ford e praticamos esportes juntos. Bob ia à igreja nos fins de semana, então, se eu quisesse sair com ele, o acompanhava. A Detroit Center era um pequeno buraco na parede da igreja na Puritan and Ward. Se você olhasse pela porta da frente conseguiria ver os fundos. O chão era coberto por um fino carpete vermelho bordô e cheio de bancos de madeira cobertos por almofadas vermelho-sangue. A Detroit Center era uma igreja adventista do sétimo dia, com um tipo de fé presbiteriana que mantém o sétimo dia do calendário judaico e cristão, o sábado, como sagrado. Havia cerca de 45 frequentadores regulares — sete ou oito famílias e, também, algumas pessoas mais velhas. Não tinha ideia de que precisava disso, mas a Detroit Center era o lar que eu estava procurando. E senti que tinha uma rede de apoio novamente.

Desde que me lembro, sempre me senti espiritualizado. Embora eu não tenha crescido indo à igreja, eu ainda orava. Minha mãe me mandou para um acampamento religioso quando eu tinha 8 anos, e li todas as histórias clássicas da Bíblia que as crianças adoram: Davi e Golias, José e o Faraó, Sansão e Dalila. A religião não é necessariamente a minha praia — não ligo para o aspecto social —, mas adoro as escrituras. Ainda acho linda a ideia de que Jesus, um judeu forasteiro, veio para salvar a todos. Além disso, sou apenas um homem do espírito. Agora comando círculos de oração com meus amigos e para jogadores da NFL, participo de grupos de estudo da Bíblia e sou o pastor da minha própria comunidade da igreja. Mas, para mim, trata-se de estarmos juntos e orarmos juntos. É tudo sobre relacionamentos. Se as Testemunhas de Jeová baterem na porta, eu me sento e estudo junto a elas. Se você aparecer na minha igreja e quiser cantar hinos e rezar o Pai Nosso, será mais do que bem-vindo. Senti o mesmo quando cheguei na Detroit Center. Eu simplesmente gostava de estar na igreja com outras pessoas.

A congregação era dirigida pelo pastor P.C. Willis. Ele era militar e faixa preta em caratê. O pastor Willis tinha entre 1,85m ou 1,88m e sempre estava em boa forma. Quando homens frequentam os mesmos ambientes juntos, não necessariamente damos respeito automático uns aos outros. O respeito masculino é algo que precisa ser conquistado. Mas o pastor Willis era um homem de verdade. Ele podia entrar em uma sala e conquistar o respeito de todos em um minuto. E, quando ele se levantava para falar, o fazia com convicção. Ele sempre falava como se fosse uma emergência. Como se fosse caso de vida ou morte. Sempre havia um chamado para a ação. O que quer que ele estivesse falando parecia ser o centro do mundo, e todos nós deveríamos estar prestando atenção. Quando penso na minha maneira de falar, vejo a nós dois como parte de uma mesma linhagem.

A família do pastor Willis era como A Família Dó-Ré-Mi negra. Ele, sua esposa, suas quatro filhas e um filho. Todos cantavam na igreja. Todos faziam leituras. Eles oravam juntos. Era como tudo que eu já tinha visto na televisão. Sentia que podia ver a vida como ela deveria ser quando estava naquela sala.

É estranho. Ser sem-teto foi a pior época da minha vida — nunca saber onde dormiria, sentir vergonha por não ter tomado banho ou trocado de roupa por três ou quatro dias e, em minha cabeça, estar sozinho. Mas essa foi, também, uma das melhores épocas. Eu estava livre dos limites e regras de casa, passeando com meus amigos, absorvendo os sons de Detroit — o hip-hop era nossa língua na década de 1980 — dirigindo para o Canadá nos fins de semana, chegando a Belle Isle no verão em Suzukis e Jipes turbinados. Mas também encontrei um novo lar que nunca imaginei que pudesse existir. No final do verão de 1987, eu estava totalmente imerso na Detroit Center. Passei as noites da semana e os fins de semana na igreja, cantando, sendo voluntário em avivamentos, me oferecendo para ajudar aqui e ali. Foi como encontrar a família que eu não sabia que poderia ter. A gente comia junto, rezava junto, íamos a churrasco na casa das pessoas. Havia uma sensação de união que era nova, mas também familiar.

Esse sentimento de família escolhida, junto com a liberdade recém-descoberta que eu sempre desejei, era poderoso. Eu estava tomando minhas próprias decisões. Estava jogando de acordo com minhas próprias regras e ninguém estava interferindo. Ninguém estava me dizendo que eu não poderia fazer isso ou aquilo. Ninguém estava me punindo por agir mal ou quebrar as regras. Mesmo quando dormia na rua, sentia-me eu mesmo, como se estivesse encontrando uma parte de mim e do mundo para além da vida que me foi imposta.

Claro, houve momentos em que as coisas estavam ruins. Quando eu dormia em um prédio frio e com eco, me perguntando se as coisas voltariam a ficar bem, questionando se algum dia me sentiria conectado a alguém novamente. Mas, quando fui a um culto na igreja, senti-me abraçado, visto e amado. Um dos meus pontos fortes é que sou uma pessoa naturalmente positiva. Sempre vi o copo meio cheio. Sempre me atraí por pessoas. Conversar e me conectar com os outros é o que me dá energia. É como eu me recarrego. Então, mesmo quando escolhi deixar minha casa e minha família, naturalmente gravitei em direção a outro tipo de família.

Quando encontrei a igreja, foi a primeira vez na minha vida em que eu mesmo selecionei pessoas. Antes, todos os que me cercavam estavam em minha vida em virtude de laços familiares e geográficos. As pessoas que eu conhecia eram as do nosso bairro, minha família em Detroit e Chicago e meus amigos da escola. Quando encontrei a igreja, foi a primeira vez que comecei a formar ideias que não me haviam sido impostas. Na igreja, havia tempo apenas para estar presente, para estar completo em todos os momentos — seja cantando, orando ou ouvindo a voz profunda do pastor Willis no meio de um sermão apaixonado. Não havia preocupação com o que viria a seguir. Quando comecei a explorar o mundo de forma independente, a fazer perguntas e a ver as pessoas e a paisagem ao meu redor com novos olhos, também comecei a descobrir a satisfação em escolher quem eu queria ter por perto. Ali estava uma família que me designou responsabilidade e encontrou um uso para os meus dons naturais. Ali era um lugar onde eu poderia encontrar conexão e companheirismo em atividades que eram espiritual e intelectualmente estimulantes.

A forma como cresci foi inteiramente sobre lutar para existir. Essa é a mentalidade de operário. Você trabalha e trabalha e trabalha um pouco mais. De onde eu venho, o trabalho árduo tem tudo a ver com força. Acordar cedo, ficar acordado até tarde e fazer hora extra é sinônimo de sucesso. Em Detroit, o sucesso pessoal sempre foi baseado na sua capacidade de produzir. Levantar-se todos os dias durante 45 anos e trabalhar até a chegada da aposentadoria. Eu olhava para as pessoas mais velhas do meu bairro e via suas mãos cheias de artrite. Eu via as partes da vida que eles estavam perdendo, trabalhando no turno da noite, sem ver seus filhos crescendo.

O labor, na forma como fui criado, era necessário. Mas é apenas uma dimensão do trabalho. Se você está apenas trabalhando arduamente, pode se desgastar. Como um pilão contra um almofariz, sua mente e seu corpo podem ser corroídos se você não encontrar outra maneira de trabalhar. Dar duro deu certo para mim por um tempo. Era a única maneira pela qual eu sabia fazer as coisas. Mas na igreja, e mais tarde na escola, aprendi que o labor não é apenas força física. É mental também. É uma espécie de fortalecimento do trabalho e da vida com total comprometimento. É uma maneira de pensar em si mesmo de forma holística — perguntando o que sua mente pode fazer, o que seu coração pode fazer, o que seu cérebro pode fazer. Trata-se de trabalhar de forma mais inteligente, não necessariamente mais difícil. Hoje, ainda trabalho, mas faço de maneira diferente — com um objetivo além de apenas existir. Eu luto para me sentir realizado e para chegar mais perto do meu propósito.

Se Rodeie de Apoio

A Detroit Center era tão pequena que, quer eu contasse ou não aos meus companheiros de congregação, eles sabiam que eu era sem-teto. Como não saberiam? Eu aparecia sujo. Usava sempre as mesmas roupas. Ninguém me dava uma carona para casa nem vinha visitar minha mãe e meu pai. E, claro, começaram a cuidar de mim como só uma família pode fazer. Fui alimentado e vestido. Fui convidado para jantares e círculos de oração na casa dos outros. Ao me abrir para ser cuidado, encontrei cuidado.

Também encontrei a mulher com quem me casaria.

Primeiro, eu e Dede éramos amigos. Ela foi criada por uma mãe solteira que também tinha essa mentalidade de trabalho, e fomos moldados da mesma forma de diversas maneiras. Dede era uma cuidadora e levava isso a sério. Ela tirava boas notas e sabia o que estava por vir. Ela trabalhava duro. A princípio não contei a Dede o que estava acontecendo comigo. Eu a convenci do fato de que tinha um carro e estava "morando" em Lathrup Village, o belo subúrbio que deixei para trás. Mas, por fim, contei a ela qual era minha situação e acho que isso a agradou. Acho que ela me olhou e viu um projeto. Ela me deixava ir vê-la quando sua mãe estava no trabalho e me trazia algo para comer ou me dizia que eu poderia tomar um banho quando era óbvio que não tomava há algum tempo. Ela foi gentil comigo e me ajudou a enxergar o que eu precisava, mesmo quando eu mesmo não o fazia. Acho que me senti atraído por Dede não apenas porque ela era gentil e compassiva, mas porque ela se conhecia. Dede sempre soube o que queria e corria atrás.

Em Dede encontrei alguém que me enxergava. Na Detroit Center, encontrei uma comunidade que me enxergava. Embora eu tenha me fechado para meus parentes, ainda mantive uma parte de mim aberta para conexão. Mas isso nem sempre é fácil para outras pessoas. Eu sou extrovertido. Não importa o que esteja acontecendo comigo, eu prospero na conexão humana. Tenho confiança no fato de que, quando abrir a boca, terei algo a dizer, e já trabalhei com meu dom por tempo suficiente para saber que o que digo vai se conectar com aqueles que me ouvem.

Mas o que acontece quando você é introvertido e seu estado natural é rastejar de volta para sua concha ou se retirar do mundo? Na realidade, os introvertidos costumam estar muito mais bem equipados para se comunicar do que os extrovertidos. Os extrovertidos podem ter a confiança e a inclinação natural para serem como são, mas o introvertido tem a capacidade de estar cinco ou seis passos à frente intelectualmente. A maioria dos bilionários do mundo são introvertidos. Se você é introvertido ou está trabalhando com um, é importante estar atento para se manter aberto à comunicação. Como o estado natural do introvertido é se afastar de outras pessoas, você deve se lembrar ativamente de que o apoio humano e a conexão são necessários para prosperar. Os introvertidos adoram clareza e transparência. Se você é introvertido, comunique que tipo de apoio você precisa e como gostaria de recebê-lo. Pratique a conversa com antecedência. Jogue fora os cenários potenciais em sua mente. Se você estiver trabalhando com um introvertido, comunique o que você precisa e deseja dele, seja claro sobre o que você pode fazer e o que dará em retribuição ao apoio.

Eu me cerco do tipo de pessoa que pode me ajudar a mudar minha vida, pessoas cuja convivência me tornam melhor.

Para muitos dos atletas com quem trabalho, encontrar o tipo certo de apoio é um desafio. Quando você chega a esse nível, toda a sua vida gira em torno da proximidade. Seus companheiros de equipe, seus treinadores, seus médicos — todos eles fazem parte do ecossistema da equipe. Você fez algumas escolhas para chegar onde está, mas também está preso a uma estrutura que não está totalmente sob seu controle. Mesmo quando você é o melhor atleta do planeta Terra, a mentalidade de vítima pode dominá-lo e isolá-lo.

Alguns dos atletas com quem trabalho guardam ressentimento contra os pais. Ouvi muitas vezes sobre pais que não compareceram aos jogos, que não estiveram presentes nas vitórias e nas derrotas. Quando ouço isso, peço aos atletas que considerem onde seus pais estavam enquanto eles jogavam. Muitas vezes, a resposta é "Meu pai estava no trabalho". Então pergunto a eles quem os deixou no treino ou quem pagou seus sapatos e uniformes. Eu pergunto a eles como eles acham que essas coisas foram pagas. A mentalidade de vítima faz você ver o que não foi feito em oposição ao que *foi feito*. Sempre digo que sua energia flui para onde o seu foco está. Se você está se concentrando em quem não estava lá em sua vida ou no que deixou de conseguir dessas pessoas, isso não o permite ver quem estava lá ou como eles estavam lá, mas de outras formas.

A vítima em você o faz se voltar para os seus sentimentos em oposição ao seu cérebro. Sentimentos são válidos, mas não são evidências. Trabalhei com a lutadora do UFC Maycee Barber para desvendar os sentimentos dela sobre as opiniões do pai sobre sua profissão. Maycee sentia que seu pai não apoiava sua carreira no esporte. Ele tinha reservas quanto a ela se tornar uma lutadora e potencialmente se colocar em perigo. Maycee teve dificuldade em separar a ideia do pai como alguém que a amava e a apoiava da ideia de alguém que desaprovava sua participação no esporte. Trabalhando com ela, ajudei-a a separar seus sentimentos das evidências — o pai dela não estava deixando de lhe dar apoio; ele estava expressando sua preocupação com o bem-estar dela. Eu a ajudei a ver que ele ainda estava lá para apoiá-la nos desafios, mas que ela também tinha que permitir que ele sentisse o que sente. Separar os sentimentos dos fatos pode nos ajudar a desvendar a complexidade dos relacionamentos humanos e a sair desse lugar de vitimização.

Quando aconselho atletas, digo a eles para deixarem de lado seus sentimentos por um momento e olharem para as evidências. Muitas vezes, as evidências mostram que eles nunca poderiam ter chegado onde estão sozinhos. Eles precisaram de outras pessoas — seus treinadores, pais, tios, avós, amigos, companheiros de equipe. A evidência está sempre lá: você não está sozinho. Você tem suporte.

Agora, há outro desafio nesse aspecto de se cercar e aceitar as pessoas ao seu redor como uma rede de apoio. Quando você atinge qualquer nível de sucesso — monetário ou não — nem todo mundo que quer estar perto de você está lá por motivos genuínos. Tem gente que quer estar ao seu lado porque você está subindo na vida, porque é famoso, porque tem dinheiro, porque consegue fazer cestas e touchdowns. Chegando a esse nível, é preciso continuar fazendo escolhas com base em evidências. Quem te acrescenta? Quem dá mais do que você dá a eles? Quem está no seu time por sua causa e não porque o veem como uma pilha de dinheiro ou um número em uma camisa? Enxergar com nitidez as pessoas a sua volta é necessário para combater a mentalidade de vítima. Quando você diz a si mesmo que está sozinho, pode ser fácil entrar em relacionamentos que são falsos ou que satisfazem um desejo superficial de elogio, companhia ou prazer. Ao avaliar constantemente seus próprios comportamentos e padrões e buscar por evidências no lugar da emoção, você não apenas será capaz de se ver melhor, mas também obterá uma visão mais clara das pessoas ao seu redor.

Para encontrar suporte, você deve estar aberto a aceitá-lo. Quando você bloqueia a comunicação, você se fecha para a possibilidade de aceitar ajuda. Um amigo meu, Charles, gosta de contar uma história sobre seu filho Jackson. Desde jovem, Jackson sempre teve um espírito independente. Quando completou três anos, começou a acordar, descer as escadas e se servir de uma tigela de cereal pela manhã. Mas havia o problema do leite. Lá estava um garotinho, tentando levantar um galão de leite sozinho, e, toda vez, ele derramava em todos os lugares. Charles queria ajudar Jackson, mas Jackson não deixava. Por fim, Charles mostrou ao garoto que poderia colocar o leite em um recipiente menor especialmente para ele, e ele ainda poderia descer e fazer seu cereal sozinho sem derramar o leite no chão da cozinha. Não há vergonha em pedir ajuda se você está tendo dificuldade em realizar algo sozinho. Às vezes, para chegar ao próximo nível, você precisa de suporte. E, para obter suporte, você deve estar disposto a baixar a guarda e aceitá-lo.

Há mais um passo importante para ver e aceitar que você não está sozinho neste mundo. Uma vez que você percebeu sua habilidade de se conectar e escolher os relacionamentos que vão apoiá-lo e nutri-lo, você deve entender e reconhecer as partes de si mesmo que desejam escolher a vitimização em vez da conexão, as partes que podem continuar a sussurrar que você está sozinho e não é amado.

Quando descobri que meu pai de criação não era meu pai biológico, algo dentro de mim quebrou e nunca mais seria totalmente reparado. Houve um cisma em meu desenvolvimento emocional que me levou a me voltar para dentro e afastar as pessoas que me amaram e me nutriram durante toda a minha vida. Só porque reparei minha relação com minha mãe e meu pai, que me criaram, minhas tias e todos os outros que pensei que estavam me enganando, não significa que a parte de mim que quebrou será totalmente curada.

O E.T. que você conhece — o cara grandioso e despreocupado que abraça e dá pequenos socos em todo mundo quando entra em uma sala — não é o único Eric Thomas que existe. Parte de mim ainda pode ver o mundo como um lugar tão escuro e frio quanto os prédios degradados em que dormi quando era um sem-teto. Ainda existe um Eric Thomas que pode se endurecer e ter raiva pela mentira contada. E, quando esse Eric aparece, pode ser chocante para as pessoas que só conhecem a minha outra versão.

Vou dar um exemplo. Eu estava em uma viagem de trabalho com meus parceiros de negócios CJ e Josh. Agora CJ é meu chapa e melhor amigo. Estamos juntos desde o dia em que nos conhecemos no Michigan State em 2006. Conversamos todos os dias, o dia todo. Nós viajamos juntos. Nossas famílias são unidas e ele conhece quase todos os detalhes da minha vida. Além de Dede, não há ninguém que seja mais próximo que C.

Quando estávamos nessa viagem, comecei a ver CJ e Josh se reunindo — tomando café da manhã ou um drinque — sem que me contassem sobre esses encontros. Para mim, parecia que eles estavam se vendo pelas minhas costas, como se eu tivesse sido deixado de fora propositalmente. O Eric dentro de mim que sentiu que havia sido enganado ou que foi vítima de uma conspiração por parte de minha mãe começou a sussurrar em meu ouvido, dizendo-me que CJ e Josh estavam fazendo algo pelas minhas costas, me manipulando ou me afastando. O Eric que foi ferido antigamente, a parte não curada de mim, começou a dar as caras e ficar desconfiado.

Mas a diferença entre mim e o E.T. de 16 anos é que estou ciente dessa parte defensiva e mais fria de mim mesmo. Consigo enxergar essa parte que quer agir como o menino vítima e posso dizer a ela para ficar sob controle. Quando começo a me sentir como uma vítima, sei que começo a me voltar para meus sentimentos em vez de olhar para as evidências. Para sair disso, faço o exercício de reunir fatos. Nessa situação, comecei a me perguntar se havia algum motivo para não confiar em CJ. O que sei sobre ele é o seguinte: CJ largou o emprego de professor substituto aos vinte e poucos anos para trabalhar comigo em um emprego que não lhe dava dinheiro. Ele e a esposa Candis, que também trabalha conosco, viajaram comigo para todos os lugares e garantiram que nosso negócio tivesse solidez. CJ não recebeu salário por muito tempo, para que eu construísse minha carreira. CJ desistiu de sua própria carreira de palestrante para se concentrar em me levar ao topo da área. CJ negocia meus cachês das palestras e me ajuda em relação ao que é não negociável para mim e verifica três vezes cada pessoa que entra em minha vida para ter certeza de que são genuínas e bem-intencionadas. CJ sempre esteve lá por mim.

Como estou ciente dessa parte feia da minha personalidade, a parte de mim que ainda está quebrada e não curada, consigo encontrar meu caminho quando ela começa a aparecer novamente. Sou capaz de olhar ao meu redor para ver que não estou realmente sozinho, desamparado ou fora de controle. Posso estar ciente de que a bagagem que carrego de relacionamentos anteriores não precisa ser transferida para meus relacionamentos atuais.

Então, em vez de me afastar de CJ, como poderia ter feito vinte anos atrás, virei-me para ele e perguntei por que ele, Josh e Jemal estavam se encontrando sem mim. A verdade é que eles estavam trabalhando em um plano de negócios que ajudaria a crescer e apoiar nossa empresa como um todo e minha longevidade financeira. Eles estavam trabalhando na construção de investimentos e renda passiva para que eu nunca mais tivesse que trabalhar se não quisesse. Quando os vi se encontrando sem mim, a parte de mim que age como uma vítima não poderia imaginar a possibilidade de eles estarem tentando me ajudar. Essa parte de mim só podia ver que eu não estava incluído.

Na época, eu passava mais tempo com minha esposa Dede, ajudando-a com seu diagnóstico recente de esclerose múltipla. Eu não conseguia palestrar ou viajar tanto quanto quando ela estava bem. CJ reconheceu que, para manter nossa empresa prosperando, ele precisava encontrar um caminho alternativo para a estabilidade que não dependesse de minhas viagens 24 horas por dia, 7 dias por semana. Além disso, nos estágios iniciais da construção de nossa empresa, eu não me considerava bom ou interessado em negócios. Eu me considerava uma pessoa totalmente relacional — um comunicador e construtor de relacionamentos. Eu me fechei a aprender sobre o lado comercial das coisas. É por isso que meu relacionamento com CJ é vital. Ele nunca teve medo de ser empresário e se orgulha de comandar nossa empresa. Por estar ciente de minhas fraquezas, eu me cerco de pessoas que são boas naquilo que eu não sou. Quando Josh e CJ se encontraram sem mim, não foi porque eles estavam conspirando contra mim. Foi porque estavam cuidando de mim e trabalhando para garantir que eu pudesse continuar alimentando minha superpotência sem ter que me preocupar em falar até a velhice. Quando escolhi comunicar e avaliar as evidências dessa situação, todo o meu eu conseguiu estar presente para ver o apoio que estava sendo oferecido a mim. Pude ver que não estava sozinho.

Uma verdadeira amizade não se trata do que se pode conseguir, mas

do que se pode dar. Amizade verdadeira é fazer sacrifícios e investir nas pessoas para ajudá-las a melhorar suas vidas.

A outra parte de reconhecer que você não está sozinho vem da percepção de que você tem um eu. E, uma vez ciente de sua individualidade, deve-se articular esse eu completo para as pessoas que vêm lhe dar suporte. CJ também está ciente da parte da minha personalidade que se apresenta como uma vítima porque conversei com ele sobre isso. Entrei em nosso relacionamento com todas as informações sobre meu passado e minhas deficiências. A parte de mim que tende à vitimização é tão diferente das outras partes da minha personalidade que, quando aquele menino vítima aparece, pode ser difícil para as pessoas o verem. Isso pode fazer com que sintam que não me conhecem, e as pessoas recuam quando sentem que foram enganadas. Pense nisso. Se você aparecer todo extrovertido para trabalhar todos os dias, alegre e distribuindo "toca aqui", e então um dia chegar evasivo e com raiva, seus colegas de trabalho ficarão chocados e se afastarão. As partes quebradas de você são tão importantes quanto as saudáveis. Todas precisam ser vistas e reconhecidas para que você permaneça conectado ao resto do mundo — para sentir que é totalmente visto e apoiado.

Vou dar outro exemplo. Quando Dennis Rodman foi negociado para o Chicago Bulls em 1995, ele se mostrou por completo. Não escondia seu desejo de festejar, abandonar sua extravagância ou mudar sua aparência para se adequar ao resto da NBA. Ele procurou Phil Jackson e Michael Jordan com todas as informações sobre seu passado difícil e infância itinerante. E, por articular e exibir toda a sua personalidade, ele foi capaz de se tornar seu eu completo na quadra — altruísta e totalmente solidário. Quando Rodman foi para o Bulls, Jackson e a equipe puderam lhe dar apoio recíproco para obter sucesso. Quando ele saiu para aliviar a pressão em Las Vegas durante o auge da temporada de 1998, Jackson, Jordan e Scottie Pippen, até certo ponto, entenderam. Se Dennis Rodman tivesse afastado as partes de si mesmo que informam o que equiparamos ao singular Dennis Rodman, talvez não tivéssemos a magnífica alquimia da temporada de 1998 dos Bulls.

Outro aspecto de colocar todo o seu eu em jogo é entender quais são seus pontos fortes e fracos. Se você puder comunicá-los de forma eficaz, poderá dar e encontrar o suporte de que precisa.

Parte da minha estratégia de coaching em empresas, equipes e indivíduos é usar o *Flight Assessment*, uma ferramenta de autoavaliação que minha equipe criou com base no DISC Index. O DISC é baseado na teoria emocional e comportamental que separa as personalidades em tipos: Dominância, Influência, Estabilidade e Conformidade. Ele ajuda você a entender como trabalhar em equipe e se adaptar aos ambientes ao seu redor. Minha equipe adaptou isso ao nosso próprio sistema de autoavaliação que determina seu estilo de comportamento para revelar como você gosta de fazer as coisas. É uma ferramenta útil para se tornar mais autoconsciente. Para mim, o *Flight Assessment* ajudou-me a obter informações sobre como eu poderia atuar de forma mais eficaz e em quais funções eu estava no meu auge. Existem quatro estilos de comportamento diferentes: Os Pilotos são os pensadores de visão geral que desejam resultados imediatos e precisam estar no banco do motorista; os Comissários de Bordo são inovadores, conectam-se pela emoção e são motivados por estar com os outros; a Equipe de Solo é agradável, sociável, não ameaçadora e prefere dar suporte aos outros; e os Controladores de Tráfego Aéreo são factuais, lógicos, motivados pela resolução de problemas complexos e prosperam com estrutura.

Todo mundo possui aspectos de cada uma dessas abordagens comportamentais em suas vidas, mas somos naturalmente mais fortes em um estilo do que em outros. Nossas abordagens mudam dependendo se estamos em nosso estado natural ou em um estado adaptativo, e precisamos nos adaptar às pessoas ao nosso redor. As melhores equipes e empresas são construídas em torno de pessoas que têm diferentes estilos comportamentais naturais e adaptativos. Quando nos tornamos conscientes da maneira como abordamos o mundo ao nosso redor, somos capazes de dar e receber apoio de forma mais eficaz para atingir o desempenho máximo como grupo e indivíduos.

Sou Comissário de Bordo, o que significa que sou super-relacional e social. Adoro conhecer e conversar com novas pessoas. Também sou impulsivo e emotivo. Como estou ciente desses aspectos do meu comportamento, agora posso me sentar e ver quando estou voltado aos meus sentimentos e quando preciso pensar para além deles com mais intenção e lógica. No caso de CJ, Josh e Jemal se encontrarem sem mim, quando eu senti que estava sendo deixado de fora e mantido no escuro, pude dar um passo para trás e ver que precisava passar algum tempo em introspecção, pensando em meus sentimentos, colocando-os de lado, e avaliando os fatos.

Do outro lado dessa situação está CJ, que é um Piloto. Ele é exigente e assertivo. Gosta de resolver problemas de forma rápida e direta.

Às vezes, isso se manifesta na tomada de decisões sem necessariamente ponderar riscos ou possibilidades alternativas. Seu ponto forte é pilotar o avião, não necessariamente comunicar como pilotá-lo. Quando ele começou a trabalhar com Josh e Jemal em outros negócios, ele o fez porque era uma solução para o problema em questão. Minha esposa estava doente e eu não podia mais viajar tanto quanto antes. CJ é doze anos mais novo que eu e não queria que eu me preocupasse em trabalhar para sempre se não quisesse ou não pudesse estar disponível. Ele queria ter certeza de que ele e sua própria família, bem como o restante de nossa equipe, poderiam estar seguros em suas vidas se eu não pudesse ser o rosto de nossa empresa.

Como estamos cientes dos estilos comportamentais uns dos outros, somos capazes de trabalhar juntos de forma mais eficaz e fornecer o apoio recíproco de que precisamos para trabalhar em nosso mais alto potencial. Percebi que estava em meu modo de Comissário de Bordo e ele viu que estava em seu modo de Piloto, então pudemos nos juntar para melhor entender uma forma de apoiarmos um ao outro.

Faça seu próprio Flight Assessment de forma gratuita em ETYouOweYou.com[1]

1 [N. da T.]: O site de Eric Thomas "ETYouOweYou.com" disponibiliza acesso ao *Flight Assessment* através de breve cadastro com nome e e-mail [conteúdo em inglês].

Em 2021, antes do campeonato da NCAA, trabalhei com o time masculino de basquete da Baylor para ajudar os jogadores e treinadores a ver como eles funcionam conectados uns aos outros. Cada um dos treinadores e jogadores fez o *Flight Assessment* e, em seguida, passei um tempo com a comissão técnica para ajudá-los a ver seus jogadores como indivíduos e entender como cada um desses indivíduos precisava de um tipo diferente de suporte para atingir seu potencial pleno. No caso da Baylor, foi uma questão de simplificação. Nenhum jogador precisava ser tudo para todos. Os Comissários de Bordo precisavam conversar e incentivar a todos e os Pilotos precisavam tomar boas decisões. Os Controladores de Tráfego Aéreo precisavam estar atentos às jogadas e a Equipe de Solo precisava rebater e dar assistências. Aqueles que eram bons em somar vinte pontos precisavam perceber que tinham que trabalhar mais para somar trinta. Aqueles que são bons em assistências precisavam perceber que 90% das assistências precisavam ser assertivas.

Naquele ano, a Baylor ganhou o campeonato, e o técnico Scott Drew me deu crédito por ele e a sua equipe enxergarem seus jogadores de uma nova forma. Com todas as informações, eles encontraram uma nova forma de fornecer à equipe um tremendo suporte e a comunicação necessária para chegar ao próximo nível. Cada um dos jogadores se tornou muito menos solitário ao se sentirem vistos. Cada um dos jogares conseguiu atingir todo o seu potencial nos momentos mais vitais ao receberem o apoio de que precisavam. Quando nos tornamos autoconscientes o suficiente para articular nossos pontos fortes e fracos e enxergar os pontos fortes e fracos em outras pessoas, de repente temos uma nova forma de ver o mundo e interagir com ele.

Quando escolhi me tonar um sem-teto, não tive a habilidade de enxergar o apoio ao meu redor. Eu não era autoconsciente o suficiente para saber como lidar com minhas próprias forças e fraquezas. Não consegui ver ou buscar apoio, nem sequer apoiar outras pessoas porque não estava aberto a conexões e soluções.

Agora considere: eu não precisava me tornar um sem-teto para descobrir minha liberdade. Não precisava dormir em prédios abandonados para encontrar um novo tipo de comunidade que cuidasse de mim. Não precisava comer em latas de lixo, morar no banco de trás do meu carro ou roubar mantimentos para que as pessoas me recebessem em suas vidas e me apoiassem. Eu não tinha ganho algum fazendo nada disso. Não tinha por que sair de casa e me afastar das pessoas que sempre estiveram ao meu lado. A única coisa que eu realmente precisava fazer para descobrir e me apropriar de minha liberdade era entender que, em primeiro lugar, nunca estive sozinho. Em algum momento, quando me tornei adulto o bastante, até me abri para um relacionamento com meu pai biológico. Hoje, conversamos regularmente e, embora nossa conexão não seja perfeita, estou sempre pensando em como trabalhar isso.

A Tarefa

1. Há momentos em que você se sente sozinho ou sem apoio? Quando você se sente sozinho, o que desencadeia esse sentimento? Você tem uma estratégia de como lidar com esses momentos? Você tem uma rede de apoio com a qual pode entrar em contato?
2. Há momentos em que seus sentimentos o dominam ou obscurecem seu julgamento? Ou, por outro lado, há momentos em que você deveria ser emotivo, mas é excessivamente prático? Faça uma lista dessas situações e das coisas que desencadeiam sua reação.
3. Ice Cube tem aquela ótima frase: "É melhor você se controlar antes de se destruir." Você tem uma maneira de checar isso em si? Você tem uma forma de se avaliar? Você está ciente do que o leva a bloquear a comunicação? Você está ciente das suas

partes feridas? Faça uma lista dessas partes que estão feridas e como elas aparecem em suas interações cotidianas.

Desafio: Lembre-se da última vez que sentiu que estava sozinho. Pense na maneira como você reagiu ao se sentir sozinho. Você contatou alguém ou permaneceu em reclusão? Faça um plano de ação para quando começar a sentir que está sozinho. Faça uma lista de pessoas que você pode contatar para obter suporte. Escreva o tipo de apoio que você gostaria de receber — um ouvido atento, alguém que possa oferecer soluções, um abraço, alguém que faça perguntas ou apenas se sente com você.

CAPÍTULO

Descubra o seu Superpoder

AO ENCONTRAR E CANALIZAR O SEU SUPERPODER, VOCÊ SE MOVE EM DIREÇÃO AO SEU PROPÓSITO.

Quando criança, eu era um verdadeiro filhinho da mamãe, sempre querendo estar por perto, sempre sob o comando da minha mãe. Claro que, como eu era seu único filho na época, éramos superpróximos. Porém, aos 8 anos de idade, ela e meu pai me mandaram para um acampamento bíblico chamado *Joy for Jesus*. Acharam que seria bom para mim passar uma semana fora e sentir a independência, aprender a ficar sozinho e conhecer outras crianças. Mas não foi isso o que experimentei. Eu chorei muito e implorei para ficar em casa. Minha mãe diz que se sentiu péssima, que odiou me ver entrar no ônibus com os olhos vermelhos e o rosto molhado. Ela se lembra de me ver com o rosto pressionado contra a janela de trás, chorando.

Quando o ônibus voltou para a cidade na semana seguinte, ela pensou que eu estaria desesperado para voltar para casa. Mas tudo que eu queria era voltar para o acampamento. Implorei aos conselheiros que me deixassem voltar o mais rápido possível. Eles disseram a mamãe que eu era uma das crianças mais integradas que eles já conheceram. Eu era a única pessoa que conseguia fazer as crianças brancas e as negras brincarem juntas, as crianças da cidade e as dos subúrbios. Eles contaram a ela como eu ajudava aqueles com saudades de casa a relaxar e se divertir. Que eu estava constantemente motivando todos a se darem bem e se juntarem para jogar futebol, a se sentar à mesma mesa ou sair para correr logo de manhã. Eu claramente sempre fui E.T., o pregador do hip-hop.

O que me lembro dessa época é o sentimento distinto de independência e liberdade. Pela primeira vez na minha vida, tive uma noção de quem eu era, independente do resto do mundo, e do que eu era capaz. Quando entrei no ônibus para ir a um acampamento rural no lago Huron, a cento e poucos quilômetros de distância, fiquei apavorado. Em primeiro lugar, os negros não iam para o norte nas férias. Traverse City, Port Huron, Mackinac Island — os brancos iam para esses lugares. Você também deve se lembrar que cresci em uma comunidade urbana. Eu via o que acontecia em filmes de terror quando as pessoas iam para o interior. Elas encontravam o Freddy Krueger por aí e também massacres da serra elétrica e pessoas com ganchos tentando te levar para a floresta. Eu não estava interessado em conhecer o bicho-papão, viver primitivamente ou dormir em beliches em cima de pessoas que eu não conhecia. Eu não tinha nenhum interesse em pular em águas onde não pudesse enxergar o fundo. A maior extensão de água em que já estive foi o Swim Mobile, um veículo de oito rodas que rodava por Detroit com uma piscina na parte de trás. Eu nunca tinha ido a nenhum lago.

Antes de entrar naquele ônibus, sempre estive ao alcance de um membro da família. Se não era minha mãe, eram minhas tias ou avós e, mesmo andando por Chicago, sempre havia algum primo mais velho, Randy ou Cory, por perto. Você não sabe o que não sabe, e eu não sabia como meu mundo era pequeno. A primeira vez que saí totalmente da minha zona de conforto foi quando entrei naquele ônibus e, juro, fiquei mais apreensivo do que nunca na vida. Mas, assim que olhei em volta e vi as crianças começando a se divertir, entrei no espírito. O pessoal estava contando piadas e eu era bom nisso. Então entrei na onda do "sua mãe", fazendo as pessoas rirem e amando a atenção. Quando chegamos ao acampamento, não pude acreditar em como era lindo. Crescemos em Belle Isle, um lugarzinho às margens do rio Detroit, mas eu nunca tinha visto árvores ou um verde como aquele antes. Os Great Lakes eram novos para mim — eu não fazia ideia de que Michigan tinha tanta água. E fazer amigos não foi difícil. Comecei a andar com um garoto chamado José. Conheci todos os conselheiros do acampamento que estavam na faculdade. Encontrei uma figura materna na enfermeira e cozinheira do acampamento que só falava espanhol. Fiz amizade com um conselheiro que se parecia com aquele cara, o artista Bob Ross, e tocava violão bem baixinho em volta da fogueira.

Naquela idade, o acampamento foi a melhor coisa que me aconteceu. Praticávamos esportes o dia todo. Nadávamos, pescávamos e praticávamos canoagem. À noite havia histórias assustadoras e marshmallows ao redor da fogueira. Ganhávamos pontos por arrumar nossas camas e manter as coisas limpas. Havia três refeições completas por dia, além disso havia lanches. Para um adulto, sete dias parece pouco. Mas, para uma criança, é um milhão de anos. Também é tempo suficiente em reclusão com novas pessoas para formar laços. Aproximei-me de todos ao meu redor e, pela primeira vez, encontrei Jesus. Eu não frequentei a igreja quando era criança, então não tinha muito entendimento sobre estudo da Bíblia ou religião, mas lá tive um bom pressentimento de como orar e falar com Deus. E porque eu era muito bom em ser apenas eu, tive a oportunidade de voltar para aquele acampamento como embaixador de transição em todos os verões durante anos.

Pela primeira vez na minha vida, pude sentir como era estar em uma posição de liderança. Eu ficava no acampamento por semanas seguidas e ajudava as crianças a descobrir como ficar longe de casa, acalmando seus medos sobre novas experiências e pessoas. Eu fazia leituras e conduzia orações. Eu era social ao máximo. Para mim, estar em um novo ambiente foi uma revelação. Tive o primeiro gostinho de como era o meu superpoder. Eu sabia que dentro de mim havia algum tipo de energia que eu poderia explorar. Como quando o Super-Homem percebeu que podia voar, ou o Homem-Aranha sentiu as teias saírem de seus pulsos, quando eu estava conhecendo novas pessoas, ajudando-as a encontrar seu caminho no mundo, me sentia poderoso.

Mas, antes de descobrir como meu superpoder funcionava, antes de entender como usá-lo ou vê-lo como um dom, às vezes ele criava mais caos do que fazia o bem. Quando você não sabe como canalizar seu superpoder, ele pode se mostrar prejudicial. Um superpoder negligenciado parece uma disfunção e deixa danos colaterais em seu rastro.

Quando criança na escola, eu era o que os professores chamavam de "insubordinado". Todos os boletins que recebi tinham essa palavra escrita em algum lugar: insubordinado, insubordinado, insubordinado. Eu não soube o significado do termo até mais tarde, mas agora entendo: eu faria de tudo por atenção. Eu gostava de performar para os meus colegas, fazendo piadas e me exibindo. Eu estava sempre me metendo em problemas.

Se um professor substituto entrasse, eu estava no comando, o que é irônico, considerando que mais tarde acabei como professor substituto em Huntsville, Alabama. Como eu era engraçado e falava bem, meus amigos me incitavam, encorajando-me a tirar sarro de professores vulneráveis.

O mais louco é que, enquanto desrespeitava os professores, eu sabia o que aconteceria. Sabia que seria mandado à sala do diretor. Sabia que meus pais receberiam uma ligação da escola. Sabia que no carro, a caminho de casa, levaria uma surra. E sabia que o ato não valeria sua punição. Mas eu era viciado em atenção. Era viciado em rir. Era viciado em reafirmação.

Quando meu dom não foi canalizado, ele apareceu como impulsividade. Como se eu não pensasse em minhas decisões. Fugi de casa de vez aos 16 anos sem pensar onde dormiria ou como comeria. Saí sem meias, cuecas ou escova de dentes. Era março em Michigan, caía uma chuva gelada todos os dias. Quem faz isso? Quem deixa uma boa casa para dormir na rua?

Quando seu dom não recebe cuidado, ele surge como o Batman correndo através das paredes. Se mostra destrutivo. Você destrói relacionamentos. Destrói seu mundo. Parece como uma perda de tempo e oportunidades. Se parece com ser um sem-teto sendo expulso da escola.

Ao todo, mudei de escola sete vezes. Frequentei uma escola católica por um ano, onde as freiras me bateram e me obrigaram a escrever uma enciclopédia (não fui convidado a voltar). Estudei na Taft Middle School por um ano, antes de mudar para a Open House, uma escola charter experimental. Troquei de colégio duas vezes até o dia em que fui expulso de vez por reclamar com um professor. Embora eu fosse um sem-teto, minha mãe foi chamada. Ela estava muito decepcionada comigo. Lembro-me de estar sentado na sala da diretora quando ela entrou e ouviu a notícia. Ainda é difícil para mim pensar em como ela estava decepcionada comigo naquele dia.

Em retrospecto, lembro-me de ter sido mandado para conselheiros escolares. Eu não sabia na época, mas eles estavam fazendo avaliações para ver se eu tinha dificuldade de aprendizado. Eles me mostravam algumas manchas de tinta e perguntavam o que eu via, eu dizia: "Tinta." Minha compreensão de leitura foi menos do que satisfatória. Eu simplesmente não conseguia entender certas coisas, como o sufixo *-tion* de alguma forma era pronunciado como "*shun*". Ou como certos verbos funcionavam de maneira diferente de todos os outros. Eu não conseguia entender pontuação ou o funcionamento de todo o sistema de uma frase ou parágrafo. Quando leio em voz alta, leio o que penso estar lá em vez do que realmente está na página. Na escola, eu não conseguia ficar parado em uma sala de aula. Meu corpo e minha mente simplesmente não foram projetados para ficar sentados em qualquer lugar por horas a fio. Você me convida para uma reunião e fico à mesa por quinze minutos antes de me levantar, andar de um lado para o outro e sair no meio da coisa toda para atender uma ligação ou dar uma volta no quarteirão.

Agora eu entendo que sou disléxico e tenho TDAH, mas naquela época eu era apenas ruim na escola e inconveniente.

Hoje, sabemos que as crianças com esses tipos de dificuldades de aprendizagem podem sobrecompensar tornando-se super-relacionais ou explorando sua intuição. Elas fazem as coisas de maneira diferente porque são forçadas a trabalhar fora dos limites do aprendizado tradicional. Hoje, as escolas têm programas que exploram esses pontos fortes e fracos com métodos alternativos de ensino e aprendizagem. Faz sentido ter me tornado palestrante, compensando ao construir relacionamentos, ser social e trabalhar mais do que qualquer outra pessoa para progredir. Faz sentido que eu ainda não faça nada da maneira convencional. Não é assim que meu cérebro funciona. Ainda hoje, trabalho fora da caixa. Às vezes, as pessoas não apreciam essa abordagem, mas, se você trabalhar fora da caixa e fizer isso tão bem ao ponto de fazer as pessoas enxergarem algo de uma maneira diferente, você está usando seu superpoder ao máximo.

Para Ativar Seu Superpoder, Desligue-se do Mundo Externo e se Sintonize a Você

Sempre me atraí por pessoas que sabem como falar. Quando os locutores esportivos apareciam na TV ou os âncoras chegavam ao noticiário das seis horas, eu estava lá ouvindo. Então, quando cheguei à Detroit Center, o pastor Willis se tornou meu herói. Havia algo em sua autoridade e carisma que era magnético. Quando se levantava para falar, sabia chamar a atenção de todos com uma frase ou parábola. Ele era famoso por seus sermões e era um mestre das palavras, vindo com ditos como "Não seja mole!" Significado: Não seja covarde. Ele dizia: "A todo homem, sua própria cruz", ao falar sobre ser uma pessoa que pode assumir total responsabilidade por todas as partes de sua vida. Sua carreira militar transbordava para seu estilo de oratória, e cada sermão se tornava uma acusação. Às vezes ele fazia uma contagem regressiva ao fim de seus sermões: "Dez! Nove! Oito! Você tem sete minutos e Noé está na arca com sua família, e eles estão prestes a fechar as portas! Seis! Você tem que entrar na arca! Não fique para trás!" Ele contava até um e, no final, todos gritavam e batiam palmas.

O pastor Willis era agressivo, mas não de uma forma assustadora. Me lembrava um leão defendendo seu orgulho. Ele se sentava com todos os rapazes da igreja e nos fazia perguntas: "Você vai para a escola? Como você não está na escola? Você tem um emprego? Como você não tem emprego? O que você precisa fazer para dar o próximo passo?" Se você estava na igreja do pastor Willis, fazia parte de seu rebanho e estava sob seus cuidados. Eu adorava essa sensação de ser protegido e agora posso ver que ele estava preenchendo o lugar do tipo de figura paterna sobre a qual eu me sentia conflitante. Quando o pastor Willis falava, sentia como se ele estivesse falando comigo. Quando ele me fazia perguntas, eu me sentia visto.

Assim que cheguei à Detroit Center, comecei a me voluntariar para ler e liderar orações. Se havia uma oportunidade de conversar, eu estava lá. A congregação via meu entusiasmo e convicção e os encorajava. Quando chegou a hora da nossa semana de oração, período em que, durante sete dias seguidos, a congregação se reunia, o pastor Willis me convidou para fazer um sermão. O filho dele os fazia aos sábados. Meu amigo Bob às sextas-feiras. Sendo o cara novo, consegui a vaga na quinta-feira.

Quase imediatamente, soube que meu sermão seria sobre uma história chamada "*Seven Ducks in Muddy Water*". Eu a peguei de um ministro em um reavivamento em Atlanta que havíamos ido no início daquele ano. Um avivamento é uma grande tradição em nossa comunidade. Durante um mês, todos os dias, os membros da igreja se reúnem sob uma tenda para orar, cantar e ouvir sermões dos melhores pregadores da região. Geralmente é no verão, e pode ficar intenso com todo aquele calor e toda aquela gente rezando muito. O pastor Walter Pearson, que liderou o reavivamento de Atlanta, era uma lenda. A forma como observei o pastor Pearson e o pastor Willis se assemelhava os fãs de futebol assistindo Alvin Kamara correr ou Tom Brady jogar uma bola. A maneira como eles falavam era como Jordan enterrando ou Magic lançando um passe sem olhar. Seus sermões eram cheios de acrobacias verbais. Eles hipnotizavam multidões e eram aplaudidos de pé. Eu sabia que queria ser capaz de fazer isso um dia.

A versão da história dos sete patinhos do pastor Pearson foi tirada do livro de Reis. Um general Arameu vai até o profeta Eliseu para saber se há cura para sua lepra. Eliseu diz ao general que, para se livrar de sua doença, ele deve mergulhar sete vezes nas águas turvas do rio. O general duvida se ele deve "abaixar-se[1]" sob a superfície sete vezes, como lhe foi prescrito. Sempre gostei das histórias com jogo de palavras ou alguma forma criativa de fazer você pensar duas vezes sobre o que estava ouvindo.

Pratiquei meu sermão por duas semanas, andando de um lado para o outro, subindo e descendo a rua, na igreja, no chuveiro. Como eu não morava em casa, passava muito tempo sozinho, então tinha tempo para ficar obcecado com as nuances da minha voz e sua cadência. Era ótimo ter algo para tirar minha mente da solidão e me fazer focar. Pratiquei meus crescendos e decrescendos da mesma forma que Michael Jackson e Aretha Franklin fazem em suas músicas. Se você já me ouviu, sabe do que estou falando. Às vezes fico muito quieto, quase em um sussurro, e você precisa se inclinar para ouvir o que estou dizendo. Às vezes, minha voz fica muito rouca quando estou tentando chegar em um certo ponto. "Você precisa querer ter *sucesso* tanto quanto quer *respirar*!" Essas foram

1 [N. da T.]: O texto original usa o termo "Duck", aqui traduzido como "abaixar-se" como um jogo de palavras: abaixar-se sete vezes nas águas turvas, *Seven Ducks in Muddy Water.*

coisas que aprendi intuitivamente com os pastores Willis e Pearson e as incorporei à minha própria maneira de falar.

Quando chegou a hora de fazer o sermão, levantei-me no santuário e olhei ao redor. Estava nervoso, mas, no final das contas, eu era como um peixe na água. As pessoas estavam balançando a cabeça, me dando segurança. Os améns vieram, assim como as palmas. Para mim, parecia o que as pessoas descrevem como uma experiência extracorpórea. Eu estava ativamente envolvido, mas outra parte de mim estava fora de tudo, absorvendo tudo. Ainda hoje me sinto assim. Ainda fico nervoso quando me levanto para falar, mas, quando estou lá em cima, outra parte de mim assume o controle, deixo meu corpo e entro em um fluxo. A única maneira que conheço para descrever isso é como espiritual. Um espírito se move através de mim e toma conta.

Um superpoder é assim. Você tem algo por dentro que é grande, poderoso e, ao mesmo tempo, delicado. Ao ativá-lo, é como assistir Simone Biles fazer uma rotina de solo, ouvir uma das sinfonias de Mozart, testemunhar Russell Westbrook dar rebote vinte vezes seguidas ou ver Roger Federer fazer um backhand slice. É pura poesia.

Uma vez que estava progredindo bem na Detroit Center, eu era quase como um fominha quando se tratava de falar. Como não estava sendo reconhecido academicamente ou recebendo prêmios por praticar esportes, descobri que a reafirmação que recebia quando me levantava e falava me nutria de uma forma nunca conhecida por mim. Foi a primeira vez que me vi ativando meu superpoder e canalizando-o de uma forma que parecia focada e saudável. Claro, eu não sabia na época que você poderia ser pago para falar ou que falar profissionalmente era uma opção de carreira, mas sabia que havia encontrado algo em que era bom e que adorava fazer.

Tenho sorte neste sentido. Tive dificuldades com a escola, finanças e muitas outras coisas em minha vida, mas, assim que encontrei meu dom

— meu superpoder —, ficou claro que estava caminhando em direção a um propósito maior. Encontrei algo para praticar, manter perto e nutrir.

Mas esse nem sempre é o caso e, para muitas pessoas, não é imediatamente óbvio qual é o seu dom específico. Nem todos nós fomos feitos para ser armadores da NBA, quarterbacks da NFL ou atores nos sucessos de bilheteria de Hollywood.

Às vezes, nossos dons se revelam com o tempo. Às vezes, nossos dons são sutis ou ocultos. Então, como descobrir seu superpoder?

Você não pode se dar ao luxo de quase viver pelo resto de sua vida; em algum momento você precisa liberar seu potencial e dar seu primeiro passo.

Primeiro, você precisa estar em contato consigo mesmo. Precisa ser capaz de sentir seu dom — entender o que vem ou o que você atrai naturalmente. Talvez você adore olhar pinturas e fotografias e consiga ver as cores de uma maneira que o faça sentir algo profundo. Preste atenção a esta atração. Talvez você tenha um talento especial para organização — adora fazer listas e marcar coisas em um calendário. Essa é uma coisa a se reparar em você. Talvez, quando as coisas estão quebradas, você sinta satisfação ao montá-las novamente ou montar uma peça de mobília da Ikea saída da caixa. Isso é algo para ponderar.

Encontrar seu superpoder é uma escolha ativa. Também requer escuta ativa. Você tem que estar pronto para recebê-lo e ouvi-lo. Não importa quem você é: todos são naturalmente atraídos por algo. Acredito que a escola é um meio importante para avançar em seu caminho pelo mundo, mas ela nem sempre pode nos ajudar a descobrir no que somos bons. A escola nos concentra em assuntos — matemática, ciências, estudos sociais —, mas não tanto em como interagimos com esses assuntos. Na escola, nos envolvemos com o currículo, mas muitas vezes não somos encorajados a nos envolver com a forma como processamos ou o que sentimos sobre esse currículo. Mesmo quando passamos da escola para o mundo profissional, a ênfase é colocada no trabalho ou no cargo, e não no ser humano nessas posições. É legal saber o que você quer estudar ou o que quer ser, mas também é importante saber quem você é. É importante pensar sobre o que o atrai e examinar o porquê. É importante explorar por que você está interessado em um assunto ou trabalho.

No meu caso, sempre me atraí por vozes. Se Howard Cosell, da ABC Sports, estava na TV, eu estava lá, ouvindo-o de boca aberta. Por que um garoto como eu, de Detroit, fica impressionado com a voz anasalada de homem branco de Howard Cosell? Se Bob Costas estava anunciando os Bulls, eu estava sintonizado. Por que aquele homem com seu cabelo repartido e seus colarinhos engomados me trazia sentimentos? Quando criança, adorava ouvir Barbara Walters e James Earl Jones, Maya Angelou e Stuart Scott. Cada um deles tinha algo que me cativava. Quando o pastor Willis se levantou, fiquei em transe. Mesmo quando não estava na igreja, pensava na homilia e em como soava. Se eu tivesse mais consciência própria naquela época, teria me perguntado por que adorava ouvir repórteres e locutores. Talvez eu tenha passado algum tempo pensando sobre o que isso me fazia sentir e pensar.

Da mesma forma que sempre me senti naturalmente atraído por palestrantes e suas vozes, também sempre quis ajudar outras pessoas. Madre Teresa era uma celebridade para mim. Nelson Mandela era um ídolo. Rosa Parks e Harriet Tubman eram deusas. Eu queria ler tudo sobre eles e sabia que queria ajudar as pessoas, assim como eles. Se alguém que eu conhecia estava tendo problemas na escola ou no acampamento, eu carregava comigo e me perguntava como eles estavam. Sempre tive curiosidade em saber como as pessoas se sentem e se precisam de algo que eu possa fornecer. Hoje, sei que nem todo mundo lidera com suas emoções e intuição, mas, quando criança, você não sabe o que não sabe. E eu não sabia que era diferente. Hoje, presto atenção às minhas inclinações naturais e passo um tempo entrando em contato com elas e desenvolvendo-as. Hoje, eu me sintonizo.

Essa é a parte difícil de encontrar seu superpoder. Cada um de nós é dotado de talentos que surgem tão naturalmente que nem percebemos que são talentos. É por isso que encontrar seu superpoder é um exercício interno. Trata-se de se conectar a você e ouvir o que sua voz interior e suas habilidades estão lhe dizendo. Trata-se de desligar o mundo externo para ouvir o que está acontecendo dentro de si. Isso pode significar passar um pouco mais de tempo sozinho e quieto. Isso pode significar desligar a TV ou o celular e fazer algumas perguntas a si mesmo.

É por isso que utilizo o *Flight Assessment* quando trabalho com empresas, times e jogadores individualmente. É uma ferramenta para conscientizar as pessoas sobre o que já existe. Ajuda-as a entenderem como e por que se comportam da maneira como o fazem. Isso nos permite ver claramente no que somos bons e no que temos que trabalhar. Há um certo tipo de paz em entender que você não precisa ser tudo para todas as pessoas. Há um conforto em saber que você é você e isso basta.

Se você quer brilhar como diamante, precisa ser lapidado como um.

Quando estiver pensando em seu superpoder, pergunte-se: quais são as coisas que você faz que o energizam? Coisas que, no fim, você sente que poderia continuar fazendo por mais uma hora ou duas? Posso falar por cinco ou seis horas sem me cansar. Eu posso falar como Venus pode jogar tênis. Posso falar como Beethoven tocava piano. Eu posso falar como Muhammad Ali sabia lutar boxe. Ou como Michael Phelps nada. Da forma como Kendrick Lamar faz rap. Ou como Kehinde Wiley pinta. Falar, para mim, é como café. Se tiver o combustível, posso continuar para sempre. No que é que você pode se perder? O que o coloca no fluxo ou na zona? Preste atenção às coisas que o fazem sentir que o tempo é irrelevante.

Por outro lado, um superpoder pode ser natural, mas talvez não seja uma escolha de carreira óbvia. Ou você pode ser talentoso em várias coisas e não saber escolher entre elas. Quando era mais novo, não sabia que poderia me tornar palestrante motivacional e, mesmo aos vinte e poucos anos, pensava que o ensino e o ministério eram meu caminho principal.

Ser o orador número um do mundo simplesmente não era uma opção em minha mente. Essa falta de consciência foi a mesma para o rapper Tobe Nwigwe.

Tobe me localizou há cerca de dez anos. Ele estava assistindo aos meus vídeos e entrou em contato para dizer que, se eu fosse a Houston, ele ficaria feliz em me mostrar a cidade. Então, quando voei para lá uma semana depois, aceitei o convite. Ele me levou por toda a cidade e, se você conhece o Tobe, sabe que ele é uma criatura social como eu. Ele conhece todo mundo e tem aquela energia de leão.

Descobri que ele era um jogador de futebol americano universitário que pensava que iria para a NFL até sofrer uma lesão. Depois de terminar a faculdade, ele começou uma organização sem fins lucrativos dedicada a ajudar as crianças a encontrar seu propósito na vida. Ele os incitava a fazer esquetes, rap no palco, montar produções completas e os deixava entusiasmados com seus próprios dons. Meu parceiro de negócios CJ mudou-se para Houston alguns anos depois, e eu o coloquei em contato com Tobe. Quando CJ viu o que o homem estava fazendo, ele ficou chocado e me ligou, dizendo que Tobe tinha que fazer algo mais com seu dom. Todo o crédito para CJ, ele sentou com Tobe e lhe disse que sua vocação era fazer música e ser rapper. Tobe não acreditou totalmente nele. Disse que nunca havia escrito uma música e não teve nenhum treinamento formal, mas CJ pressionou e o convenceu de que esse era o seu caminho. Em dado momento, o ajudamos a fazer sua carreira decolar, mas nunca teria acontecido sem o desejo de Tobe. Como CJ e eu, ele tem aquele fogo. Ele queria trabalhar, aceitou seu dom e o elevou à superpotência que você vê hoje. Como nós, ele é um homem de família, um provedor e é totalmente não convencional. Hoje, Erykah Badu, Michelle Obama, Dave Chappelle, Jill Scott e P. Diddy o elogiam. Ele trabalhou com Apple Music, Beyoncé, NBA, Justin Timberlake e tem músicas que atingem o topo das paradas todos os anos.

O que eu amo na história de Tobe é que ele precisou passar pelo processo de se conscientizar da posse de um superpoder e, assim que percebeu esse poder, esteve disposto a correr o risco para ver se seu dom era real. Ele dedicou sua vida a perseguir o potencial de seu superpoder com muito foco. Isso é fundamental. Tentar é fundamental. Como você sabe qual é o seu poder se não tenta usá-lo? Seu poder não pode ser descoberto, aproveitado ou canalizado se você não tentar. E às vezes é preciso tentar de novo. Às vezes é preciso se esforçar mais. Como qualquer superpoder, ele deve ser treinado, aperfeiçoado e praticado para ser útil.

Tem outra coisa que adoro na história de Tobe: eu não fazia ideia, mas, quando Tobe me buscou no aeroporto naquele primeiro dia, ele nem sequer tinha carro. Ele tinha um amigo que trabalhava em uma locadora de veículos que o ajudou. Tobe, que cresceu na SWAT, um dos bairros mais violentos de Houston, é o oposto de uma vítima. Ele está sempre olhando para o que *pode* fazer. Aquele menino se coloca em território milagroso. E ele se cerca de pessoas que o ajudarão a chegar ao lugar para onde ele está indo. A lição aqui é que, se você deseja muito algo, encontrará as pessoas que o apoiarão e encontrará a oportunidade de obtê-lo. Mas, primeiro, você precisa saber o que quer e então precisa querer muito.

Apaixonando-se por seu Superpoder

Frequentemente, nossos dons podem ser obscurecidos por um desejo de se conformar com o convencional. Conformidade é o que acontece quando estamos sintonizados com vozes externas e não com nossa própria intuição. Às vezes, nossos dons não são apoiados ou nutridos pelas pessoas ao nosso redor.

Quando eu era muito jovem, antes mesmo de saber que falava bem, eu tinha afinidade com o violino. Na escola primária, quando podíamos escolher o instrumento que queríamos tocar, eu sabia que queria tocar violino. Depois da escolha do seu instrumento, a escola o emprestava para você, então, sempre que podia, levava o violino para casa para praticar. Simplesmente me apaixonei pelo ritual de tirá-lo do estojo, girar as cravelhas para afiná-lo e sentir o arco sobre a tensão das cordas. Quando ouvia Earth, Wind & Fire ou Stevie Wonder, ouvia as cordas. Era como se estivessem falando comigo.

Mas, quando comecei a compartilhar minha empolgação com o violino com minha comunidade, o pessoal ficou tipo: "O quê? O violino? Isso não é sexy. Isso não é masculino." Comecei a questionar tudo o que amava e, quando praticava, era como se tivesse o violino em um ouvido e todo mundo no outro. E, infelizmente, a outra parte falava mais alto. Permiti que a opinião dos outros me impedisse de dominar um dom. Afastei essa coisa pela qual me sentia inatamente atraído e ouvi a cultura mais ampla que ditava o que era ou não era "aceitável". Eu me permiti ser coagido a abandonar meu dom.

Quando conectado a si mesmo, você sabe qual é o seu dom e como desenvolvê-lo. Quando se está conectado ao mundo, isso pode distraí-lo de estar ciente ou apreciar o que é o seu dom. Escutei todos os outros em vez do que estava dentro de mim, e meu dom foi abandonado. Há algo sobre a ideia de popularidade que obscurece os sentidos. Pode parecer mais fácil se conformar com a noção do que o resto do mundo está fazendo do que seguir seu próprio caminho e fazer algo totalmente novo.

Você não colhe o que os outros plantam, você colhe o que você planta.

Quando eu era criança, o que era legal para os rapazes eram os esportes. Se você não jogava futebol, basquete ou praticava corrida, provavelmente era um nerd. Havia um ideal de que a masculinidade era igual à capacidade física — correr, agarrar, passar. Qualquer outra coisa — tocar violino, pintar, estudar — não estava no mesmo nível. Sonhar com o futuro era imaginar ser rico e famoso na NBA ou na NFL, não ser violinista em uma orquestra sinfônica.

Mas é engraçado — se você pensar em quem a sociedade valoriza, se pensar em quem nos lembramos por séculos, são as pessoas que não se conformaram. A sociedade admira aqueles que não se deixam intimidar, que abrem novos caminhos onde antes não existiam. Mas esses caminhos muitas vezes não são fáceis ou populares. O valor que atribuímos ao que é ou não é popular é uma forma de pensar. A inconformidade é muitas vezes o resultado de uma abertura à diferença e à criatividade. Quando penso nos super-heróis que admiro, penso em pessoas como Martin Luther King Jr. Frederick Douglass. Malcolm X. Harriet Tubman. W.E.B. Du Bois. Maya Angelou. Jackie Robinson. Essas são pessoas para quem o caminho para o sucesso pode não ter sido óbvio ou fácil. Frederick Douglass nasceu no período da escravidão. Ele teve que aprender a ler e escrever em segredo, teve que comprar sua própria liberdade. Apesar de começar com menos de zero, ele se tornou o maior orador de seu tempo. O pai de Malcolm X foi morto pela Ku Klux Klan, e Malcolm foi preso por ser um encrenqueiro, mas acabou transformando a maneira como conceituamos o poder negro em todo o mundo. Essas são pessoas que facilmente poderiam ter sido vítimas do paradigma da mentalidade de vítima, ou que poderiam ter olhado e ouvido a opinião popular e ido a lugar nenhum. Entretanto, uma vez que exploraram seu superpoder, se viram traçando o próprio caminho, apesar dos obstáculos.

Mesmo quando outras pessoas não reconhecem seu dom, ou o mundo exterior não o valida, você precisa saber com cada fibra do seu ser que está fazendo o que é certo para você. As tendências vêm e vão. Às vezes, a pele clara está na moda. Às vezes, a pele escura é que está. Às vezes é o cabelo curto e às vezes é o longo. Não se preocupe com o que o mundo acha legal agora. Preocupe-se com você.

Ainda hoje coloco música de violino e ouço as grandes sinfonias. Acompanho artistas do hip-hop que usam o violino como uma espécie de linguagem em seus próprios trabalhos. Ainda amo o som, como costumava, porém não toco mais e me pergunto o que poderia ter acontecido se tivesse continuado. Eu me pergunto se foi um superpoder que nunca usei.

Você é Mais Poderoso ao Ser Você Mesmo

Claro, demorei um pouco para entender qual era o meu superpoder porque, quando criança, sempre estive mais sintonizado com o mundo externo do que comigo mesmo. Reafirmação e validação pareciam necessárias para eu aceitar meu dom. Isso me causou problemas na sala de aula e também em outros lugares. Estar sintonizado com a validação do mundo exterior pode ser perigoso e nos levar a usar nossos poderes pelos motivos errados.

Quando criança, eu podia correr super-rápido. Honestamente, pensei que estaria na NFL. Sempre que precisávamos fazer nossos testes na aula de educação física, minhas notas sempre me colocavam entre as crianças mais rápidas do estado. Quando não estava tendo problemas na escola, corria, jogava futebol e sempre era escolhido primeiro para um time. Eu simplesmente adorava correr. E também gostava da emoção de ser perseguido.

Desde que me lembro, eu roubava coisas das lojas. Doce barato. Jogos de vídeo games. Roupas. Eu nem sequer queria essas coisas. Apenas gostava da adrenalina de ver se eu poderia fugir dos policiais. Quando adolescente, alguns de meus companheiros tentaram me convencer a vender drogas, mas eu era bom em roubar. No entanto, eu vendia as coisas que roubava nas ruas. Se um amigo quisesse uma roupa que custasse 100 dólares no shopping, eu roubaria e venderia para ele por 75 dólares. Com isso, eu estava sendo validado. A correria era empolgante e eu me sentia pertencente quando aparecia com todas aquelas coisas caras que as pessoas queriam comprar. Por muito tempo, isso não incomodava a minha consciência.

Mas, quando comecei a ir à igreja, tive um mau pressentimento sobre roubar. Ficava desconfortável pensando no que estava tirando de outras pessoas. Não me sentia bem sentando na frente do pastor Willis um dia e saindo furtivamente de uma loja com um par de tênis no dia seguinte. Então, uma tarde, depois de fugir com um monte de coisas de uma loja de departamentos no Somerset Mall, decidi voltar e me entregar. Eu sabia que, se não fosse pego, continuaria fazendo isso. Eu disse ao meu amigo dono do carro de fuga para ir para casa porque eu estava indo para a cadeia. Ele pensou que eu era louco, mas eu sabia que era o que precisava fazer. Quando voltei para a loja, agi de forma muito suspeita e comecei a sair com alguma peça de roupa ou um chapéu. E, claro, um vendedor me viu e me chamou.

Nunca me esquecerei disso. Foi cósmico ou algo assim, mas a prima do meu pai, que era como minha tia, estava lá quando aconteceu. Ela me viu ser algemado pelos policiais do shopping e levado para o fundo da loja como um criminoso. Ela não disse nada, mas me olhou nos olhos e, dois dias depois, toda a minha família sabia. Minha mãe ficou muito magoada e fiquei mais envergonhado do que nunca.

Eu não desisto das pessoas, eu as supero.

Assim como tocar violino, a validação externa foi prejudicial para o desenvolvimento de meus dons. Por não estar ciente deles, não fui capaz de me ouvir. Infelizmente para mim, eu precisava de afirmação externa para me sintonizar comigo mesmo. Então, quando finalmente me cerquei de pessoas que apoiavam minhas habilidades naturais de maneira saudável, uma luz se acendeu. Eu deveria ter percebido que estava interessado em falar, mas não sabia até que tive a oportunidade. Quando o pastor Willis e minha comunidade da igreja viram meu superpoder, começaram a me dar oportunidades de usá-lo e experimentá-lo. E finalmente pude sentir, dentro de mim, que esse era o dom no qual eu deveria me concentrar. Eu finalmente me sentia eu mesmo.

Ninguém é capaz de ser mais você do que você mesmo. Quando conectado ao seu superpoder, há imersão total em si e em seus dons. Você é mais poderoso quando é a si próprio.

O último passo para descobrir seu superpoder depois de reconhecê-lo é apaixonar-se por ele. Você precisa conhecê-lo de todos os ângulos. Precisa ficar obcecado por ele. Precisa ficar íntimo do seu dom. Deve parecer um relacionamento romântico. Você não pode ser o número um do mundo se não estiver obcecado com o seu dom. Não pode ser o melhor no que faz se não honrar seu dom. Se há pretensão em contribuir para a sua área, avançar no jogo ou ser mencionado junto aos grandes nomes antes de você, é preciso dedicação, acordar todas as manhãs e cuidar disso. Como qualquer relacionamento que valha a pena, seu relacionamento com seu dom requer trabalho. Ao ficar complacente e não trabalhar nisso, seu dom ficará sem uso. Mesmo que você seja naturalmente bom no que faz, isso não basta. É preciso trabalhar nisso e querer mais.

Há muitas pessoas que, com pouquíssima instrução, podem ouvir uma música, pegar um violão e a tocar. Mas, a menos que elas aprofundem seu dom e pratiquem, jamais tocarão como Jimi Hendrix. Muita gente pode abrir a boca e cantar lindamente. Mas, sem ficarem obcecados por seu dom, nunca chegarão ao nível de Beyoncé. Steph Curry nasceu com a habilidade de arremessar e correr, mas, se ele não tivesse trabalhado nisso e sido consumido por isso, não seria a lenda da NBA que se tornou. Serena Williams sempre arrasa com uma bola de tênis, mas, se ela não tivesse passado as horas cansativas de alguém que quer vencer, ela não teria a precisão ou a graça com que aparece na quadra hoje.

Acordo todos os dias apaixonado pelo meu dom. Ainda parece um relacionamento íntimo. Ainda sinto frio na barriga quando estou prestes a subir no palco. Eu honro as pessoas que vieram antes de mim. Eu honro o fato de ter um dom. Claro, o dinheiro é bom, mas o dinheiro só apareceu depois que fiquei obcecado com meu superpoder. Os frutos tangíveis do meu trabalho só vieram depois que comecei a canalizar meu poder em direção ao meu propósito.

A Tarefa

1. No que você é naturalmente bom? Pelo que você se atrai naturalmente? Faça uma lista dessas coisas, grandes e pequenas.
2. Você tem consciência de como canalizar essas inclinações naturais? Como você pode se tornar mais consciente delas? Você

consegue visualizar uma ou mais dessas coisas se tornando um superpoder?

3. Como seria seu superpoder se você investisse tempo nele e trabalhasse para levá-lo à excelência?
4. Como ele aparenta quando não canalizado? Como se mostra e como é a sensação?
5. O que você pode fazer para cuidar de seu superpoder e fazê-lo progredir todos os dias e a longo prazo? Como você pode aprofundá-lo e praticá-lo um pouco a cada dia?

Desafio: Passe um tempo consigo mesmo. Encontre um lugar tranquilo e passe vinte ou trinta minutos de todos os dias fazendo anotações ou conversando consigo mesmo sobre o que você ama e é bom ou pelo que se atrai. Encontre alguma clareza sobre como deseja cultivar seus dons e para onde deseja caminhar com eles. Crie uma lista de ideias sobre como você pode começar a ativar seu superpoder de maneiras grandes e pequenas. O que dá para fazer a cada dia? O que dá para fazer ao longo do próximo mês ou ano? Como você pode se apaixonar mais por seu superpoder? Faça uma lista de livros, programas, documentários, pessoas ou lugares que o inspirarão a ativar seus dons. Tome a decisão de acordar todos os dias e usar seu dom de alguma forma.

CAPÍTULO

4

Qual É o seu Por Quê?

AO ENCONTRÁ-LO, VOCÊ PODE LEVAR O SEU SUPERPODER E A SUA VIDA A OUTRO NÍVEL.

O seu porquê é o que leva seu superpoder ao próximo nível. O seu porquê é o que te faz continuar. O seu porquê é o que te impulsiona para a frente. O seu porquê é o que te dá motivo para acordar. Estou onde estou hoje por causa da minha esposa Dede. Foi ela que me ajudou a ver que havia mais do que eu imaginava diante de mim. Foi ela que me ajudou a me encontrar. Foi ela que me ajudou a descobrir minhas razões para viver a minha vida.

Estávamos juntos há pouco mais de um ano quando ela me chamou até a sua casa em um dia de abril. Eu havia sido expulso do colégio e ela estava terminando o último ano. A mãe dela não estava lá e ela estava agindo de forma estranha. Muito focada e meio séria. Sentamo-nos na varanda e ela disse que precisava me perguntar uma coisa.

"Você me ama?" ela disse. "Sim, eu te amo", eu respondi. Mas então ela questionou a fala. "Mas você *me ama*, ama mesmo?" E eu respondi: "Claro que te amo." Ela me perguntou se eu a amava o suficiente para mudar de vida, sair das ruas e tomar a decisão de fazer algo maior. Quando perguntei o significado disso, ela me contou que havia entrado na Oakwood College (que desde então se tornou a Oakwood University) e que iria para Huntsville, Alabama, no outono. Então ela me perguntou se eu consideraria ir com ela e se poderia ver que deixar Detroit seria o começo de algo maior. Posso não ter pensado assim, dessa forma, mas quando olho para trás agora, essa é a primeira vez que identifiquei qual era o meu "porquê" na vida: estar com Dede e fazê-la feliz.

Eu nunca pensei sobre o que estava por vir. Nunca pensei em deixar Detroit ou em como seria minha vida se eu terminasse a escola. Isso simplesmente nunca passou pela minha cabeça. Eu nem sequer tinha um lugar para viver. Como imaginaria onde moraria daqui a dez anos? Quando pensei em sair da cidade com Dede, senti algo totalmente novo. Senti esperança. Foi como se um fogo fosse aceso dentro de mim. Eu sabia que não poderia perder a pessoa que me acolheu quando eu não tinha nada. Parte do que me atraiu em Dede foi que ela era tudo o que eu não era. Ela era focada. Era uma tomadora de decisões. Tinha um plano e uma direção. Ela estava indo a algum lugar. E, se ela se fosse, eu não iria a lugar nenhum sem ela. Olhei em volta e enxerguei como era a minha vida. Eu abandonei o colégio, estava morando nas ruas de Detroit sem nenhum futuro digno de menção. O que eu faria? Continuaria morando no meu carro, trabalhando no McDonald's?

Se eu fosse para a faculdade no outono, a primeira coisa que precisava fazer era obter meu GED. Liguei para o pastor Willis, que ajudou na minha matrícula na escola noturna, onde comecei a ter aulas para o GED. Para mim, aquele teste significava tudo. Todo o meu futuro dependia disso. Conforme eu estudava, o teste se tornou um símbolo de poder e possibilidade. Sentia frio na barriga sempre que abria meus livros, especialmente quando pensava nas seções de escrita e compreensão de leitura. Algumas vezes eu entendia imediatamente um conceito, e às vezes levava vários dias para entender algo como conjugação ou equivalência relacional. Mas sentia, o tempo todo, a energia e o desejo de amar a escola que eu nunca havia experimentado.

Não consegui dormir na semana anterior ao teste. Imaginei todos os cenários possíveis. O que significaria se eu não passasse? Dede partiria para o Alabama sem mim e eu ainda estaria em Detroit. Meu porto seguro iria embora e tudo desmoronaria. Se eu passasse, isso significaria que eu estaria indo para um lugar totalmente diferente, começando uma vida totalmente nova?

Depois que terminei a prova, fechei o caderno, larguei o lápis e não sabia como me sentir. Eu sabia que havia me saído bem, mas não tinha certeza se era o suficiente para me colocar acima da média. A primeira parte do GED é avaliada localmente, mas a específica de redação era enviada para avaliação em Washington, DC, então precisei esperar algumas semanas antes de saber os resultados. Na época, eu usava como endereço a casa da mãe do meu amigo Bob, então eu ia até lá todos os dias para ver se o resultado estava na caixa de correio. No dia em que os resultados finalmente chegaram, estava chovendo. Fiquei na varanda, segurando a carta na mão, pensando no fato de que toda a minha vida estava embrulhada naquele pequeno envelope. Parte de mim queria olhar e parte de mim não queria. Depois de três ou quatro minutos, finalmente rasguei e desdobrei o pedaço de papel. Eu passei. Eu consegui meu GED. Senti como se tivesse meu passe e estava em paz. Subi na minha bicicleta e fui mostrar a Dede.

Uma das muitas coisas bonitas sobre minha igreja, a Detroit Center, era que ela era um canal direto para o Oakwood College, fundado por adventistas do sétimo dia. Todos os jovens que frequentavam a Detroit Center sabiam que, se quisessem e trabalhassem duro o suficiente, teriam uma chance em Oakwood, parte do sistema HBCU (*Historically Black College and University*). Quando entrei, foi pela graça do pastor Willis que me prometeu que, se eu obtivesse o GED, ele me ajudaria.

Cheguei à Oakwood em 1989 sem nenhuma habilidade de estudo ou pesquisa e nenhuma ideia real do que queria fazer. Consegui um subsídio, uma bolsa de estudos e tive ajuda dos doadores da escola para começar. O resto eu precisaria pagar com empréstimos estudantis. Meu dormitório, o Cunningham Hall, foi o primeiro lugar consistente em que morei em dois anos. Eu adorava morar lá, fazer panquecas na cozinha comunitária, bater papo com os outros jovens, ficar nas salas ou corredores comuns. Mas, acima de tudo, eu estava lá pela Dede.

Quando você cuida de algo bom, essa coisa boa cuida de você.

No verão após nosso ano de calouros, eu sabia que só poderia voltar para Oakwood se fosse oficial. Algumas semanas antes de voltarmos, levei Dede ao TGI Friday's. Depois que nos sentamos e fizemos o nosso pedido, eu disse que queria ficar com ela para sempre. Eu disse que não conseguia me ver sem ela, que não queria perder a chance de estar com alguém que me deu um motivo para viver. Se eu voltasse para Oakwood, voltaria como marido dela. Então, algumas semanas depois, saímos e fugimos. Nos casamos em um tribunal em Toledo, Ohio, em 23 de agosto de 1990. Custou US$ 25 — mais barato do que em Detroit — e nós dois tínhamos 19 anos. Usamos conjuntos de shorts combinando, preto com caxemira roxo e amarelo. Um estranho foi nossa testemunha.

Foi impulsivo — típico de mim. Eu não sabia se conseguiria nos sustentar, onde moraríamos ou como planejar uma vida juntos, só sabia que queria estar com Dede. Quando nossos pais descobriram, ficaram furiosos. Principalmente a mãe de Dede, e não posso culpá-la. Quem quer um sem-teto namorando sua filha e indo para a faculdade na aba dela? Minha mãe estava mais preocupada com Dede do que comigo, o que também era justo. Mas, felizmente, Dede sabia o que estava fazendo. E eu sabia que estava fazendo tudo por Dede.

O meu porquê, naquela época e agora, é ela.

Até Oakwood, a escola para mim sempre foi sobre recesso e socialização. Quando comecei a ter aulas, fui bem nas eletivas, mas encontrei dificuldade nas obrigatórias como inglês e biologia de nível superior. Ao longo do meu segundo ano, minha média diminuiu e em meu terceiro ano eu estava em suspensão acadêmica. De onde venho, ninguém da minha família fez faculdade. Minhas avós não conseguiram chegar ao colégio. Meu pai biológico nunca concluiu os estudos e minha mãe mal se formou depois que a administração descobriu sua gravidez. (Mais tarde, ela se formou em administração de empresas em Davenport.) Na minha família, não havia o costume de manter as notas altas, de se certificar que você estava indo à aula ou que estava a caminho da graduação. Então eu fiz apenas o que queria fazer. Até mesmo Dede não estava abalada pelo fato de que a escola não era minha praia.

Na época em que minhas notas estavam caindo, me envolvi no programa de extensão GED da Oakwood. O lema da escola era "entrar para aprender, partir para servir", e grande parte da cultura do campus era o trabalho voluntário. Depois da igreja aos domingos, o pastor nos levava para os ônibus onde fazíamos fila para lanches e éramos levados à comunidade para trabalhar no hospital ou na casa de repouso. Eu adorava trabalhar nesses lugares, mas tinha um desejo ardente de fazer algo mais, então entrei no programa GED. Foi, provavelmente, porque eu mesmo fiz GED e me pareceu natural querer ajudar outros jovens a desmistificá-lo. Eu me via naqueles jovens dos conjuntos habitacionais em Huntsville e sentia, de forma inata, que sabia como ajudá-los.

Huntsville é um lugar estranho. É no meio do nada, então, ao dirigir por lá, você passa por um território realmente rural. Plantações de algodão por quilômetros. De vez em nunca eu saía do carro e caminhava para o meio de um daqueles campos. Eu estendia minhas mãos para tocar os talos pegajosos e a penugem branca. Pensava em todas as pessoas que trabalharam nessas áreas menos de um século atrás e em como eu estava conectado a elas. Parecia uma história de fantasmas.

A própria cidade de Huntsville é uma mistura de contradições. É rica e pobre. Preta e branca. Presa em tempos antebellum[1] e cheia de modernidade. NASA, Teledyne Brown e Boeing, todas têm bases lá. O Redstone Arsenal, uma base de testes de mísseis e projetos espaciais, também está lá. Huntsville é progressista e produtiva, mas também segregada. Havia quatro grandes conjuntos habitacionais que abrigavam a maioria da população negra e sempre pareciam gastos. Varais ficavam pendurados nas janelas das pessoas, pequenos quintais na frente e nos fundos sem muita grama. Não era tão precário quanto em Detroit ou Chicago, mas não era bonito. Muitas das crianças que ensinei no programa GED vieram desses lugares e, em suas salas de estar, eu me sentia em casa.

Quando comecei a dar aula para GED, estudei matemática e compreensão de texto de uma maneira diferente do que na primeira vez que aprendi, procurando todas as maneiras pelas quais uma criança poderia

1 [N. da T.]: Antebellum significa "antes da guerra" a palavra é latina e o termo, nos Estados Unidos, faz referência ao período em que se incrementou o secessionismo por parte dos Estados Confederados da América, o ato que levou à Guerra Civil Norte-americana que aconteceu entre os Estados da União e os Confederados.

entender as perguntas do teste. Muitos professores, ao que me parecia, não conseguiam ajudar as crianças com o GED porque não conseguiam tornar o ensino prático. A maneira como eu pensava combinava psicologia e prática. Eu ia para casa, fazia o teste várias vezes e depois lia alguns livros de desenvolvimento pessoal: *Como Fazer Amigos e Influenciar Pessoas*, de Dale Carnegie, *O Maior Vendedor do Mundo*, de Og Mandino, e *O Poder do Pensamento Positivo*, de Norman Vincent Peale. Então eu levava esses livros e lia trechos que achava que poderiam motivar os jovens e fazê-los pensar de forma crítica.

Na aula, eu passava metade do tempo conversando com eles sobre a mentalidade certa para fazê-los entender por que a escola é valiosa e a outra metade da aula focando a instrução. Às vezes, eu lia *Daily Motivations* de Dennis Kimbro ou *Pense e Enriqueça*, e perguntava como essas ideias se aplicavam a eles. No início da aula, eu tocava hip-hop para incentivá-los e depois música clássica quando começavam a trabalhar sério. A cada trinta minutos, eu os fazia levantar e se movimentar e, às vezes, quando estavam fazendo testes, tentava distraí-los para que praticassem o foco. Eu os fiz se visualizar recebendo seus resultados pelo correio, vendo suas pontuações e sentindo que tipo de mudança isso poderia trazer para suas vidas. Desafiei-os a pensar sobre o futuro para o qual estavam caminhando e pedi que considerassem as razões por trás de seu progresso.

Existe um estereótipo contra jovens que não terminam o colégio. É fácil pensar neles como burros, preguiçosos e sem futuro. Mas o que vi quando os olhei foi um mal-entendido sobre o valor do aprendizado. Venho de um lugar onde basta ter um diploma do ensino médio ou um GED para conseguir um bom emprego como operário. Há uma desconexão entre o valor do trabalho e o valor do aprendizado. Muitas vezes também há uma desconexão fundamental entre o que fazemos no mundo e *por que* o fazemos. Se entendermos por que estamos fazendo o que fazemos, o "*o quê*" do fazer se torna mais eficaz, mais poderoso e atrai mais oportunidades.

Seu porquê abrangente é algo muito além das coisas tangíveis — prover para seu cônjuge e seus filhos, manter sua saúde — e é apoiado por uma série de valores que são naturais para você. O *Flight Assessment* mede esses valores e coloca em perspectiva o que está impulsionando seu comportamento. Valorizo o altruísmo, o que significa que estou sempre preocupado com as necessidades dos outros e com o que posso fazer para ajudá-los. Também valorizo o individualismo, o que significa que tenho um profundo senso de independência e autoconfiança. Claro, tudo isso faz sentido. Sempre tratei o ministério e o voluntariado como uma carreira e não como uma atividade extracurricular. E, depois de descobrir sobre meu pai biológico, jurei nunca mais deixar ninguém controlar minhas decisões. Esses valores estão alinhados com o meu porquê — cuidar da minha família, cuidar da minha comunidade e retribuir ao meu ministério.

Seu Porquê é a Razão por Trás da Razão

Em 1998, eu ainda trabalhava no programa GED e me tornei professor substituto permanente na Oakwood Academy, a escola secundária associada à universidade. Ironicamente, eu deixei a faculdade. Não conseguia enxergar isso na época, mas havia um paradoxo entre eu ter saído e ajudar outras pessoas a concluírem os estudos. (Às vezes, meu altruísmo atrapalha meu autocuidado.) Oakwood não é um lugar grande, então os esportes ficam em segundo plano em relação às matérias acadêmicas. Há um certo status em poder dizer que você se formou em Oakwood. Significa algo, especialmente na comunidade negra e adventista do sétimo dia.

Mas eu estava recebendo validação de outros lugares. Comecei a viajar com um lobista, Lamar Higgins, que promovia programas de recompra de armas e registro de eleitores. Tive oportunidades de fazer palestras apresentando o prefeito de Huntsville e o governador do Alabama. Eu ia às reuniões do conselho municipal e me envolvia com o conselho escolar. Estava em programas de entrevistas matinais, no jornal e parecia que todo mundo sabia quem eu era. Tudo isso parecia bom, mas eu ainda não tinha uma compreensão clara de qual era o objetivo geral por trás disso. Para onde eu estava indo e por quê? Embora estivesse trabalhando duro, provavelmente ainda estava operando com 60% ou 70% da minha capacidade.

O que realmente mudou tudo foi ter nosso primeiro filho. Eu tinha 24 anos. Dede e eu estávamos casados há 5 anos e nos sentíamos prontos. Ou tão prontos quanto poderíamos estar. Dede já havia terminado a faculdade de enfermagem e tinha um bom emprego no Huntsville Hospital. Eu havia lido todos os livros e estávamos cuidando das filhas gêmeas de nossa vizinha adolescente, Brooke e Brianna, amando-as como se fossem nossas. Alimentando-as, trocando suas fraldas, colocando-as para dormir.

Jalin nasceu perto da meia-noite de 20 de julho de 1995. Quando ele veio ao mundo, foi a primeira vez que Dede e eu sentimos que tínhamos algo que era nosso. Até então, tínhamos objetivos que se apoiavam, mas ainda assim independentes de uma visão unificada em um único caminho. Nos tornamos uma família nos primeiros momentos que o abraçamos, e quase imediatamente comecei a ver o mundo com outros olhos. Foi assustador. Naquele dia, tornei-me um provedor e um protetor em um nível totalmente diferente. Percebi que outra pessoa além de mim seria afetada por minhas decisões. Também vi claramente o padrão geracional de minha família. Os homens da minha família eram ausentes e as expectativas colocadas sobre eles eram inexistentes. Quando cortei o cordão umbilical entre Dede e Jalin, olhei para ele, indefeso e minúsculo, e senti as possibilidades do mundo mudando. Eu poderia mudar algo que era mais profundo do que meu próprio futuro.

Essa foi a primeira vez que eu compreendi meu porquê verdadeiramente. Seu porquê é a razão por trás da razão. Você pode querer conseguir esse emprego, mas *por que* o quer? É para que você possa ganhar algum dinheiro extra para voltar à escola? É para ajudar a sustentar seus pais, que estão lutando contra os próprios problemas de saúde? É para garantir que você tenha um lugar seguro para dormir à noite e comida na mesa? Você pode estar fazendo algo e trabalhando duro, mas, a menos que tenha identificado o motivo pelo qual o está fazendo — a pura essência do porquê, exatamente, você está trabalhando duro —, o trabalho vai ser diferente. A arquitetura construída sobre o seu projeto será executada de forma diferente. Quando Jalin nasceu, finalmente identifiquei para onde estava indo e porquê.

O que mudou quando descobri o meu porquê? Meu tempo para brincadeiras acabou. Eu precisava cortar as distrações. Parei de jogar videogame e de ficar sentado jogando cartas, jogando conversa fora. Voltei para meus conselheiros na Oakwood e implorei que me deixassem voltar. Eu tinha o foco de um laser. Com uma luz normal você pode iluminar sua casa, mas com um laser você pode fazer cirurgias, pode lapidar diamantes. Quando Jalin nasceu, levei muito a sério o que viria a seguir. Porque não era mais apenas a minha vida. Também era a vida de Jalin.

Ao longo de sua vida, seu porquê mudará, se movimentará e crescerá. Ele ganhará camadas e profundidade. E, conforme o seu porquê muda, sua intensidade faz o mesmo. Os resultados recíprocos se manifestarão em seu crescimento profissional e pessoal de maneiras que você pode não ter imaginado. Desde que Jalin nasceu e, depois, minha filha Jayda, meu porquê se tornou cada vez mais focado em minha família. Sinto um profundo desejo de protegê-los e sustentá-los. Para dar-lhes estabilidade e construir um legado para eles quando eu partir deste mundo. E, ao longo dos anos, meu porquê, em alguns pontos, tornou-se mais focado e intenso.

Meu porquê também se tornou mais estratificado. Sinto um chamado para cuidar da minha comunidade. CJ me disse que tenho complexo de Moisés, mas juro que esse sentimento é real. Acho que tem muito a ver com vir de uma comunidade de pessoas que foram escravizadas e ainda vivem a desigualdade e a iniquidade por causa dessa história. Sinto que tenho a responsabilidade de conduzi-las para a proteção e a segurança. Sinto que tudo o que faço no mundo deve ser uma bênção para meu povo. Como um homem afro-americano, sinto que preciso colocar meu povo em minhas costas. Meu dinheiro não é só meu. É o dinheiro da minha comunidade. Minha influência não é só minha. É a influência da minha comunidade. Muitos atletas com quem trabalho não começaram a jogar basquete ou futebol apenas porque gostavam, mas porque pensaram que era a única maneira de sair de seu bairro e a única maneira de conseguir um carro e uma casa para sua mãe. Hoje, meu porquê é, em parte, levar meu povo mais longe do que eles iriam sozinhos.

Meu porquê também tem a ver com meu ministério. Como pastor, sempre sinto o desejo de abençoar as pessoas que me abençoaram. Às vezes, sinto uma certa pressão da comunidade religiosa para evangelizar, mas religião e espiritualidade são tão pessoais que prefiro deixar que as pessoas descubram por si mesmas e venham quando estiverem prontas. Acho que é isso que mantém as pessoas voltando ao meu ministério. Não estou pressionando ou construindo uma igreja da maneira tradicional.

Por muito tempo, a religião tem sido sobre a construção de instituições por trás da igreja, constantemente pedindo às pessoas que desistam de seu dinheiro e de suas vidas. Por muito tempo tem sido desigual. Em meu ministério, tentamos retribuir mais do que nos é dado. Colocamos os jovens na faculdade, ajudamos as pessoas a aumentar suas pontuações de crédito e a comprar carros, damos aconselhamento matrimonial, assistimos a formaturas, nascimentos e funerais. Meu porquê exige que eu dê sempre mais do que recebo.

Seu Porquê está Além do Extrínseco

É possível que o seu porquê não seja óbvio. É possível que você tenha dificuldade em encontrá-lo, mas, garanto, é necessário. Ironicamente, os atletas profissionais têm mais dificuldade com isso. Sempre digo a eles que a pior e a melhor coisa que já lhes aconteceu foi chegar à liga. Eu lido com isso o tempo todo quando falo com os novatos. Chegar à liga é anticlimático. Quando jovens, seu porquê *é* a liga. Todos os seus objetivos são baseados em entrar na liga. A estrutura de suas vidas é montada para maximizar seus talentos e seu tempo para que a liga permaneça à vista. Levantamento de peso de manhã cedo, dietas especiais, condicionamento após a escola, horários de sono — tudo isso é construído em torno do objetivo de ser convocado. Você desiste das atividades extracurriculares que a maioria dos jovens vivencia —, videogames, comer besteiras, dormir até tarde, festas — tudo pelo sonho de se tornar profissional.

Agora imagine entrar na liga aos 19, 20, 21 anos. Você é um multimilionário. Está na mesma situação que LeBron, Tom Brady e Serena Williams. Sua mãe pode comprar a casa que ela sempre quis. Ela tem um carro. Você tem uma casa e um carro. Você tem um chefe de cozinha pessoal e pode comprar sapatos, roupas e cortes de cabelo. Seus desejos externos são satisfeitos. Você alcançou o sonho. Mas o problema é que você não está preparado para a liga em si. Ou para o que vem depois.

Ao se concentrar no interior, o exterior desaparece.

Quando seus desejos são extrínsecos — um emprego, uma casa, um carro, uma bolsa — sua energia é diferente. Você pode estar trabalhando duro, mas não vai trabalhar tanto quanto poderia se fosse por um motivo intangível. O combustível extrínseco é fundamentalmente diferente do combustível intrínseco. Há pessoas que não conseguem correr um quilômetro, mas correm maratonas por uma causa. Se você está fazendo algo por seus filhos ou sua esposa em vez daquele relógio novo, sua energia é diferente. O seu porquê é o combustível para o seu superpoder. É o que o impulsiona ao longo do caminho do propósito.

Todos nós sabemos que *NFL* significa: "Não foi longe[2]." Outros esportes são mais tolerantes, mas o fato é que os atletas dependem de seu corpo. E o corpo é um vaso efêmero. Não importa quem você é, você tem que ter objetivos para além do seu corpo. É por isso que nós, mortais, economizamos para a aposentadoria. É por isso que fazemos planos

2 [N. da T.}: O autor brinca com as palavras dando a sigla NFL, *National Football League*, o significado de *Not for long* em português, indicando que o período de tempo de carreira para os jogadores é curto.

para dez, quinze e vinte anos. Isso é vital para atletas que trabalham seus corpos para nosso entretenimento. É raro alguém chegar aos trinta e tantos anos jogando partidas. Costumo perguntar aos meus jogadores: Com que idade você quer morrer? Oitenta? Noventa? Isso é mais cinquenta ou sessenta anos depois das partidas. São mais duas vidas do que eles nem sequer imaginaram. O que eu digo é que eles devem encontrar seu porquê além do jogo para continuar jogando.

Todos os anos, converso com os novatos da NBA antes do início da temporada. Geralmente é em um hotel em algum lugar em Jersey e, ao entrar, você vê todos aqueles homens enormes andando de moletom, procurando o bufê, olhando uns para os outros. Mas, olhando mais de perto, é possível ver que são apenas crianças. Alguns deles ainda nem têm barba. Estes são os atletas de elite do mundo, todos juntos valendo bilhões de dólares, corporações inteiras e estratégias de publicidade e orçamentos de marketing alavancados em seus nomes, e muitos deles mal saíram da adolescência. Alguns deles já têm uma arrogância e um senso de direito que vem com o conhecimento de uma nova riqueza ou status. Alguns deles são humildes e aterrorizados e experimentam a síndrome do impostor — sentindo-se intimidados ou por não serem suficientes ou por não se encaixarem no paradigma de outra pessoa.

Para nivelar o campo de jogo e chamar sua atenção, eu me levanto e falo sobre o futuro e suas responsabilidades em termos de história. Digo a eles para olharem ao redor da sala, olharem uns para os outros e depois pensarem sobre como seria seu futuro 200 anos atrás, 150 anos atrás. Pergunto-lhes o que teriam sido no mundo. O fato é que muitos deles teriam sido escravizados, trabalhando nos campos, labutando na casa grande de alguém sem nenhum futuro digno de menção. Em seguida, peço que pensem no que Martin Luther King Jr. teria feito com o dinheiro que estão ganhando hoje. O que Malcolm X teria feito. O que

Harriet Tubman teria feito com contratos de US$10 milhões, US$30 milhões, US$50 milhões. Quando faço essas perguntas, o que quero que eles façam é olhar além de sua carreira imediata para o que está por vir. O jogo é temporário. A força física é temporária. Mas seu legado é duradouro. Se você está trabalhando em prol de um legado, para enaltecer uma geração ou para mudar o mundo, a maneira como você performa no mundo será diferente. Os resultados do seu trabalho serão diferentes.

Há certas coisas na vida que o dinheiro não pode pagar.

Quando penso em indivíduos encontrando um porquê além do futuro imediato, penso em Chris Paul. Aqui está um homem que chegou à NBA aos 19 anos, jogou em cinco times, esteve nas Olimpíadas duas vezes e foi *All-Star* onze vezes. CP3 é uma lenda porque é talentoso, mas também porque sabe que está trabalhando para algo além de cada jogo. Com seu dinheiro e talento, ele assumiu a responsabilidade de trazer oportunidades para crianças de todo o país com acampamentos de liderança montados em cada uma das cidades em que já jogou. Como líder da Associação de Jogadores da NBA, CP3 não é apenas um exemplo vivo de como a liderança pode ser, ele criou ativamente oportunidades para que crianças, que talvez não as tivessem, entendessem qual seria seu porquê e propósito.

Penso em Demario Davis, um linebacker do New Orleans Saints que, depois de se meter em enrascadas, encontrou equilíbrio e iniciou uma organização sem fins lucrativos que trabalha com jovens de todo o mundo. Ele é politicamente engajado. Tem um propósito além de jogar futebol. Penso em Devon Still, um jogador defensivo do Cincinnati Bengals, que descobriu que sua filha de 4 anos, Leah, tinha neuroblastoma no estágio 4, uma forma de câncer, e, ainda que ele tenha sofrido um machucado recente e estivesse operado, ele ficou ao lado da menina no hospital por três semanas seguidas. Ele raspou a cabeça e colocou sua carreira no futebol em espera. O incrível na história de Devon é que seu porquê ressoou com o mundo. Sua equipe permitiu que ele saísse de licença e levantou US$400 mil para pesquisas sobre câncer pediátrico no Hospital Infantil de Cincinnati. Equipes de toda a NFL apoiaram Devon e Leah. Como seu porquê se aprofundou e se tornou uma parte tão forte de sua história e identidade, o mundo deu as caras e foi ao encontro de seu propósito.

A primeira vez que palestrei sobre o conceito do porquê foi quando falei com o Miami Dolphins em 2012. Contei a eles a história sobre o número da camisa de Kevin Durant. Até jogar pelos Nets, Durant usava o número 35. Ao entrar na quadra, ele fez algo que deve ter aterrorizado seus adversários. Ele tocou os números na frente da camisa. Então tocou os números nas costas e depois apontou para o céu. Ele vestiu o número 35 para homenagear seu técnico de basquete juvenil Charles Craig, que morreu aos 35 anos, assassinado com quatro tiros em um estacionamento. Kevin Durant jogou suas partidas para aquele homem. Durant era formidável não apenas porque era bom, mas porque tinha um porquê.

Hoje, "Qual é o seu porquê?" tornou-se regular no esporte. Foi capitalizado por grandes marcas para comercializar uma sensação de intensidade e coragem. Mas o objetivo de um porquê é sempre maior do que

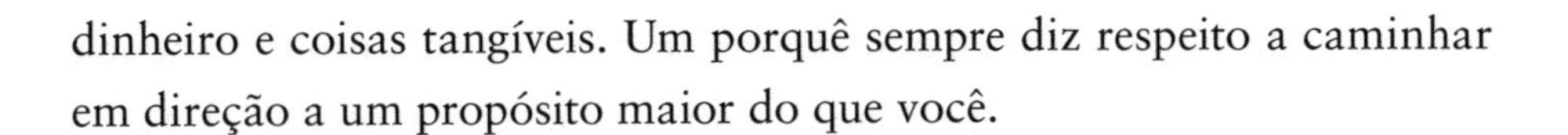

dinheiro e coisas tangíveis. Um porquê sempre diz respeito a caminhar em direção a um propósito maior do que você.

Seu Porquê Pode Ser Encontrado ao Olhar para Dentro

Como revelar um porquê para si mesmo? Da mesma maneira que você encontra seu superpoder: passando tempo consigo mesmo. Silenciando o ruído externo, você encontra seu porquê com algum tempo sozinho. Por mais estranho que pareça, encontrei meu porquê na solidão de ser um sem-teto. Quando eu estava no ninho, acordava com o som da cafeteira funcionando ou da minha mãe fazendo o café da manhã. Eu saía e corria para cima e para baixo no quarteirão só para ver quem brincaria comigo. Eu estava perto de pessoas o tempo todo porque achava que precisava de estímulo constante. Achei que precisava estar constantemente em movimento, fazendo e falando.

Em retrospecto, posso ver que, ao me forçar a ficar sozinho — para me adaptar ao vazio de um prédio abandonado, aos sons desconhecidos além dos da casa em que cresci — comecei a me ouvir e usar meu instinto para me mover em direção às coisas para as quais me atraía. Eu gravitei em direção ao trabalho. Mesmo não tendo casa, eu sabia como arrumar um emprego. Eu trabalhava desde os 12 anos, tendo começado com entregas de jornais em dois quarteirões ao longo da Braile e Patton. Eu conhecia todos os meus clientes, quanto eles me deviam, quem recebia o jornal de domingo que custava 75 centavos a mais. Eu gostava de trabalhar e isso me dava estrutura e foco, e, quando eu era sem-teto, isso me dava um motivo para ir em frente.

O seu porquê é o que você pensa mais profundamente do que todo o resto. Se você está trabalhando, está pensando nisso. Se está de férias, está pensando nisso. É algo que o segue por toda parte e dá um tapinha em seu ombro quando você não está prestando atenção. Em todo aquele tempo sozinho nas ruas, pensei em tudo que estava perdendo. E todas essas coisas giravam em torno da família. Mesmo que eu ainda estivesse com raiva da minha mãe, eu sentia muita falta dela. Sentia falta da minha irmã Jeneco, das minhas tias e das minhas avós. Eu me perguntava o quão crescida minha irmã de 2 anos, Malori, estava ficando. Eu pensava em Dede o tempo todo e me perguntava o que ela fazia quando não estávamos juntos. E, é claro, pensava em minha nova família na igreja e em minha responsabilidade para com a comunidade de lá.

Mesmo naquela época, meu porquê tinha a ver com família. Quando encontrei Dede, ela traçou um desenho de como poderia ser nossa futura família. Quando Jalin nasceu, ele sombreou todas as linhas, e quando minha filha Jayda nasceu, três anos depois, ela coloriu todo o desenho. Hoje, preciso garantir o sustento da minha mãe. Preciso garantir que ela tenha um carro, uma casa e férias. Mesmo agora, se não ligo para minha mãe por um ou dois dias, algo parece errado para mim. Meu porquê, quer eu tenha dito isso em voz alta ou não, sempre foi sustentar e fazer parte de uma família.

O mais assustador é o seguinte: encontrar o seu porquê pode ser doloroso. Alguns de nós suprimem nosso porquê para que possamos continuar nos conformando com os padrões do mundo. E, ao suprimi-lo, negamos nosso superpoder e nosso propósito. Eu costumava ficar preocupado que meus amigos se deparassem com o fato de que eu estava recebendo meu GED e me inscrevendo na faculdade. Eu os ouvia na minha cabeça: "Ah, você está naquela coisa da faculdade? A faculdade nem tem nada a ver com você." Mas, felizmente, tive o equilíbrio de ponderar comigo mesmo e ouvir minha voz em vez da deles. Passei muito tempo sozinho no escuro, pensando em coisas sombrias, ficando paranoico, sentindo-me desconectado de todos e de tudo ao meu redor.

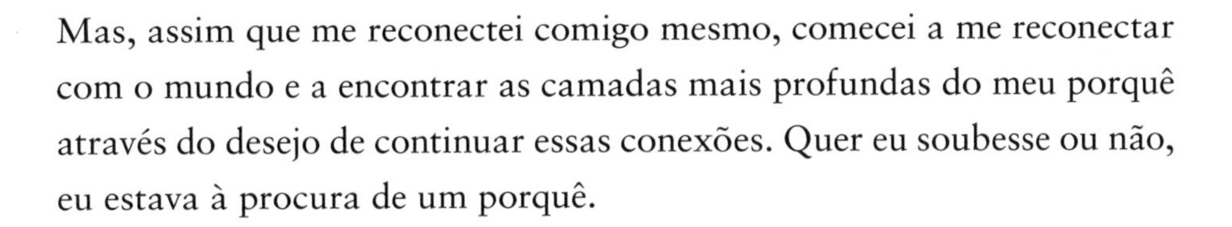

Mas, assim que me reconectei comigo mesmo, comecei a me reconectar com o mundo e a encontrar as camadas mais profundas do meu porquê através do desejo de continuar essas conexões. Quer eu soubesse ou não, eu estava à procura de um porquê.

A Tarefa

1. Quais são os pensamentos que vêm naturalmente quando você não está trabalhando ou se divertindo? Onde você se vê e com quem você se vê quando imagina a felicidade?
2. Pelo que você acorda de manhã? Para quem você acorda de manhã? Quem você mais quer ver? Sem quem você sente que não quer viver? Quem cuida de você e de quem você cuida? De quem você quer cuidar?
3. Com quem você quer passar o seu futuro? Amigos, família, filhos, cônjuge? Como é esse futuro? O que moldou essa visão? Quem o moldou? É o que *você* quer?

Desafio: Pense em seus desejos extrínsecos. Quais são as coisas literais que você quer? Agora olhe por trás disso: Por que quer essas coisas? Olhe para seus desejos intrínsecos. As coisas que você deseja alcançar. Seus sonhos. As pessoas com quem quer passar tempo. O legado que deseja criar. Pense *por que* quer essas coisas. Por que você quer alcançar algo? Por que você sonha? Para quem você quer alcançar e sonhar? Classifique essas respostas e você começará a ver um padrão. Seu porquê começará a emergir. Agora pegue esse porquê, escreva em um Post-it e coloque em algum lugar onde você o verá todos os dias. E, todos os dias, acorde, olhe para ele e se lembre de que é por isso que você está fazendo o que está fazendo hoje com o melhor de sua capacidade.

CAPÍTULO

5

Caminhe em seu Propósito

MOVER-SE COM CONSCIÊNCIA DE SEUS DONS É CAMINHAR EM SEU PROPÓSITO.

Uma vez que seu superpoder é ativado e seu porquê identificado, você pode começar a agir de acordo com esta consciência. Pode começar a olhar para além de si e ver o que as pessoas precisam de você. Pode pegar seu autoconhecimento e aplicar seus dons em pessoas e lugares mais necessitados. Tornar-se consciente é o primeiro passo. Mover-se por essa consciência é caminhar em seu propósito. Caminhar em seu propósito é viver todo o seu potencial e usar seus dons todos os dias. A Bíblia diz que seus dons lhe abrirão espaço. E o caminho do propósito são esses espaços.

Oakwood foi o primeiro lugar onde comecei caminhar em ressonância com meu próprio caminho e propósito em uma direção real. Na Detroit Center, senti o gostinho de como era falar publicamente — o empoderamento que senti, a alegria que me trazia me levantar e passar uma mensagem. Na Oakwood, aprofundei-me nesse sentimento e espaço. Não sei exatamente como ou porquê, mas na primeira semana de aula descobri que havia recebido a responsabilidade de falar na primeira convocação do ano. Era como se meu dom tivesse criado a oportunidade e começado a se desdobrar para me abrir espaço.

Logo depois, na orientação de calouros, conheci alguns de meus primeiros amigos fora de Detroit, Irvin Daphnis e Melvyn Tres Hayden III. Irvin era um haitiano-americano da primeira geração que cresceu em Miami. Ele tinha 1,80 de altura, era magro e tinha a pele escura. Estava sempre em trajes africanos, vestindo um *dashiki*, ostentando seu afro. Ele tinha tudo a ver com a herança africana e vinha de um histórico de organização intensa como presidente da divisão juvenil da *Urban League*. Tres, por outro lado, era fanático pela igreja. Fazia tudo por Jesus o tempo todo. Seu pai era um pregador adventista do sétimo dia, então ele estudava a Bíblia, ia a todos os cultos, jejuava, orava e participava de todos os grupos do campus — *Men of Discipline*, *Gamma Si Gamma*, o coral *Dynamic Praise*. Toda a família de Tres foi para Oakwood, e todos o conheciam e o amavam. Eu estava nos mesmos programas de Irv e Tres e nos tornamos próximos. Começamos a sentir que havia um senso maior de propósito nos unindo. Quando nos reuníamos, éramos como fogos de artifício.

Isso foi em 1989. Essa foi a época em que Rodney King foi agredido pela polícia em Los Angeles. Era a época de *Faça a Coisa Certa* e *Revolução Estudantil* de Spike Lee. Isso foi logo após a era das políticas segregacionistas do governador George Wallace no Alabama. Quando se é um jovem negro nos Estados Unidos, sempre há algo acontecendo: Emmett Till, de 14 anos, sendo linchado em 1955, David Duke revivendo o KKK na Louisiana na década de 1970, o assassinato de George Floyd em Mineápolis em 2020. Ao chegarmos à faculdade, começamos a ouvir, pela primeira vez, sobre nossa hereditariedade na íntegra e a conectar todas as peças do quebra-cabeça. Vimos as pegadas da escravidão por toda a história dos Estados Unidos. Lemos sobre as colheitas que semeamos e as cidades que construímos com nossas próprias mãos. Conversamos sobre a África e nossos ancestrais que foram reis e rainhas. Aprendemos que a Esfinge, as Pirâmides e a universidade de Timbuktu foram criadas por nosso povo. Que conceituamos o tempo e fizemos os primeiros relógios do mundo. Descobrimos que tínhamos história e linhagem que iam muito além de Jamestown, Comfort Point, Charleston e Nova Orleans. Essas coisas simplesmente não eram ensinadas para nós quando frequentei a escola em Detroit.

Irv, Tres e eu sentimos que precisávamos compartilhar o que sentíamos e todo o conhecimento que estávamos absorvendo. Sentíamos que o espírito de Harriet Tubman, Jesse Jackson, Muhammad Ali e Nelson Mandela havia saltado para dentro de nós e éramos obrigados a continuar seu trabalho. Então, jejuamos por sete dias, sem comida, apenas água. E, no final, sabíamos que deveríamos formar algum tipo de ministério. Havia um forte sentimento de que não deveria parecer intrusivo e dar às pessoas a escolha de entrar e ouvir, ficar um pouco ou declinar se não fosse o seu estilo. Assim nasceu o Ministério Bell Tower.

O campus de Oakwood é lindo. Verde, coberto de grama, ladeado por enormes carvalhos. Ele foi construído pela organização branca por trás da Igreja Adventista do Sétimo Dia para ser uma escola para negros. Não há estrada principal que passe pelo campus. Há uma estradinha para entrar e a mesma para sair. Está isolado do resto de Huntsville. Isso foi planejado — em parte para manter os alunos dentro, na intenção de mantê-los seguros, e para manter fora qualquer um cujas intenções não fossem boas. Não era incomum ver caminhonetes fora da cidade com uma bandeira Confederada nas janelas traseiras, e sabíamos que, se estivéssemos dirigindo para Oakwood, não poderíamos parar para abastecer em nenhuma das pequenas cidades nos arredores. Ao chegar ao campus, a escola parecia um pequeno mundo em si mesma.

Quando pensamos sobre onde instalar a Bell Tower, era óbvio: bem no meio do campus há um campanário de verdade pelo qual todos tinham que passar a caminho da aula, dos dormitórios ou do refeitório. A questão do quando também parecia bastante óbvia. Em Oakwood, todas as quartas-feiras à noite há um grande culto na capela. Às sextas-feiras, o *Ministério Jovem Adventista* se reúne e, no sábado, há um culto em todo o campus. Assim, todas as terças, quintas e domingos, à noite, Irv, Tres e eu íamos, ficávamos no campanário e começávamos a entregar mensagens.

No começo, eu era o anfitrião e o organizador. Distribuía panfletos nos dormitórios e espalhava a notícia. Introduzia quem quer que fosse discursar na Bell e cuidava de todos os detalhes. Ocasionalmente, eu dava uma pequena palestra, mas era, principalmente, mestre de cerimônias. Não tínhamos microfones. Não tínhamos cadeiras nem palanques para ficar. Nós apenas íamos até lá e fazíamos o que tínhamos que fazer. A primeira vez que falei na Bell Tower, estava frio e garoando. Estava escuro, mas estávamos perto de um poste de luz, então as pessoas podiam nos ver ali, nossas sombras se movendo ao nosso redor. Provavelmente falei por quinze ou vinte minutos sobre o que quer que eu estivesse fazendo na época — espiritualidade, tomar decisões melhores. Não sei — eu era um novato. Mas, pouco a pouco, as pessoas começaram a se aproximar e ficar por perto. Percebi que eles estavam ali me observando, sem que nada os obrigasse a estar ali ou ficar por perto.

Torne-se Consciente, Então se Torne Você

Tornar-me consciente foi o primeiro passo para entender meu propósito. Soube que tinha a habilidade de falar em público depois da Detroit Center. Eu sabia que isso me atraía. Quando encontrei outras pessoas interessadas nas mesmas coisas e nos apoiamos mutuamente em nosso interesse coletivo, tornei-me mais centrado em mim e meu propósito começou a florescer. Comecei a ver um caminho que poderia seguir tendo uma intenção. Você não entra em um avião ou em um carro sem ter para onde ir. Você entra sabendo que tem uma jornada e um destino. Esse é o sentimento ao entrar no caminho do propósito — iniciar uma jornada intencional.

Em retrospecto, consigo enxergar claramente o nascimento da Bell Tower como o momento em que comecei minha transição para me tornar um homem. Parte disso teve a ver com a conscientização do que significa crescer como um negro nos Estados Unidos. Também era sobre entender que o mundo era muito maior do que apenas eu. Em Oakwood, havia jovens de todas as partes — Toronto e Inglaterra, Boston e Califórnia. Todos com sotaques e estilos diferentes. Em Detroit, tudo girava em torno de hip-hop, Adidas e jeans de grife. Andávamos em Samurai Suzukis e Jeeps com a capota aberta e o sistema de som atrás. Nossa poesia era LL Cool J, MC Lyte e Run DMC. Mas, aqui, percebi influências de todos os lugares — Caribe, Costa Oeste, Sul.

Antes de chegar a Oakwood, no entanto, meu pai de criação me estimulou a ter um tipo de consciência que eu não sabia que precisava. Aos 12 anos, trouxe para casa da escola uma foto da garota de quem eu gostava. O nome dela era Sarah. Ela era bonita, inteligente e também gostava de mim — isso é sempre importante. Mostrei a foto para minha mãe. Meu pai apenas olhou. O fato é que Sarah era branca. Superficialmente, eu não sabia que a branquitude dela era um problema, mas, no fundo, tive a sensação de que talvez pudesse ser.

No dia seguinte, quando meu pai chegou em casa depois de seu turno na GM, ele me entregou uma cópia em brochura da *Autobiografia de Malcolm X*. A capa exibia meu companheiro bem elegante, de óculos de aro de chifre e terno e gravata. Era pequeno o suficiente para caber no meu bolso de trás, então eu o carregava comigo. Desci as escadas para o porão, onde tinha alguns halteres. Todos os dias, depois da escola, eu fazia levantamento e uma pausa sentado na beira do banco, sugando a história de Malcolm — o assassinato de seu pai pela KKK, a luta de sua mãe contra uma doença mental, a separação de seus irmãos. Foi a primeira vez que ouvi falar da Ku Klux Klan e da ideia de que você poderia ser morto pela cor da sua pele. Fiquei chocado que algo assim pudesse existir nos Estados Unidos. Eu estava tão protegido, vivendo uma certa versão do sonho americano, que isso me atingiu com força.

É preciso saber que, enquanto eu lia Malcolm, sentia proximidade. Ele passou um tempo em Detroit, viveu em Lansing quando jovem e foi assassinado em Nova York apenas dezessete anos antes. Embora eu não fosse nascido quando ele estava pela área, as pessoas em Detroit falavam dele como se fosse ontem. Eles não necessariamente compartilhavam de sua crença no Islã — quase todo mundo que conhecíamos era cristão — mas Malcolm representou um momento em que os negros dos Estados Unidos estavam reivindicando seu poder e se conscientizando da beleza de nossa história. Naquela época, também comecei a assistir *Roots*, também escrita por Alex Haley, o ghostwriter de Malcolm X.

Ao encontrar seu caminho, você encontra uma maneira de fazer acontecer.

Levei a *Autobiografia* para a escola na mochila como um totem. Isso me fez sentir que estava conhecendo meu povo, e me levou a uma conversa mais adulta com minha família. Minha mãe era leitora, o que eu admirava. Meu tio Ben, a quem chamávamos de Tio Hebraico, era fã de música e sabia tudo sobre a história negra. Ele me encorajou a falar sobre o que eu estava aprendendo. Conversei com os rapazes da vizinhança sobre isso, e meu tio David, que gostava muito do pensamento negro, me apresentou a revistas como *Jet* e *Ebony*. Ele me ensinou sobre Kareem Abdul-Jabbar, Jesse Jackson e Wilt Chamberlain. E também falávamos sobre Malcolm. Fiquei obcecado com a história de um homem que transformou toda a sua vida e criou uma visão para seu povo por meio do que parecia ser pura vontade. Essa era a cara do propósito. Isso é o que seria possível se você pudesse encontrar um caminho e dedicar toda a sua vida a percorrê-lo.

Quando cheguei à parte da *Autobiografia* sobre Malcolm se relacionando com uma mulher branca, parei de ler. Naquela época, acho que não conseguia articular o porquê, mas devo ter sentido em meu coração qual era a mensagem de meu pai. Morávamos em um bairro onde todos os homens eram casados com mulheres negras, onde o conceito de amor-próprio significava amar uma mulher parecida com você. Naquela época, apenas dizíamos amor; hoje as pessoas chamam isso de amor preto. Lendo a *Autobiografia* foi a primeira vez que entendi que amar alguém que não é de sua própria raça pode ser perigoso.

Quando pergunto à minha mãe sobre esse momento, ela não se lembra da foto. Diz que não tinha pensado sobre isso dessa maneira. Seu pai era birracial e seu avô era branco, então não tinha ocorrido a ela me alertar a respeito disso. Mas ela também me conta sobre seu primo de pele clara que foi cedo para o serviço militar para evitar problemas com mulheres brancas. Ela fala sobre a família de seu padrasto que favorecia seus irmãos de pele mais escura. Ela se lembra de ter ouvido falar de seu pai precisando se passar por cubano ou italiano só para conseguir um emprego quando morava em Chicago e Indiana. Meu pai de criação tinha uma perspectiva diferente. Ele fez faculdade no Texas e viajou pelo país jogando basquete universitário. Havia lugares onde ele não tinha permissão para ficar. Às vezes, ele e seus companheiros precisavam dormir no ônibus porque nenhum hotel os receberia. Havia comunidades onde ele foi impedido de entrar. E ele sabia que crescer como um menino negro nos Estados Unidos poderia ser perigoso.

Depois de ler Malcolm X, fiz amizade com Sarah, mas era incapaz de vê-la da mesma forma. E talvez os pais dela estivessem em casa tentando convencê-la de que eu também não lhe servia. Eu nunca saberei.

Hoje, vejo o que meu pai estava fazendo ao me dar aquele livro. O que aconteceu no meu primeiro ano em Oakwood foi o que ele queria que acontecesse comigo aos 12 ou 13 anos. Ele queria que eu crescesse e visse como era o mundo, para ver o que eu poderia ser e viver a vida com mais intenção. Quando cheguei a Oakwood, simplesmente deu um clique. Talvez seja porque eu estava com 1.800 outros alunos com os mesmos interesses — meus colegas, e não meus pais — e estávamos abraçando tudo isso juntos. Mas, assim que tudo se encaixou, senti que sabia algo sobre mim. Senti que tinha uma nova conexão com meu superpoder. E esse sentimento me encheu de mais propósito e direção do que jamais imaginei.

Minha autoestima floresceu nessa época. Academicamente, eu não era o aluno mais impressionante, e na Bell Tower eu era mais como Dennis Rodman — o cara do apoio — do que Michael Jordan, mas estava descobrindo quem eu era e me destacava unindo as pessoas. Quando comecei a sentir aquela confiança crescendo em mim, é engraçado, mas também comecei a me tratar de maneira diferente. Comecei a falar comigo mesmo de forma diferente. Lá estava eu, um garoto falido de Detroit, desprovido academicamente, sem muita direção. E, quando as pessoas começaram a me ouvir, cativadas pela minha voz, senti que estava caminhando para algo maior do que apenas eu. A maioria dos jovens não gostava de ir à capela para o culto — eles estariam prontos para sair assim que disséssemos amém —, mas na Bell Tower as pessoas queriam estar lá e queriam ouvir a todos e a mim. Com minha recém-descoberta confiança, comecei a pensar de forma diferente. Comecei a participar da vida.

O Poder se Torna Propósito Quando se tem um Plano

O propósito não é nada sem estrutura e padrões. Você pode descobrir seu superpoder e ter um porquê, mas, se não impuser estrutura e padrões à sua vida, seu propósito ficará sem rumo. O poder não se torna propósito sem um cronograma e um plano. Mesmo que você não tenha certeza de qual é o objetivo final — não pensei que estava me tornando um famoso palestrante motivacional, juro —, você deve honrar seu propósito, dando-lhe limites. Você precisa praticar. Precisa organizar seu tempo em prol disso. Precisa nutri-lo e estudá-lo. Precisa saber como se mover por seu propósito com intenção.

A Bell Tower me deu estrutura. Eu tinha um lugar para estar. Uma direção a seguir. Levantar-me e falar três vezes por semana e sentir as pessoas me ouvindo me fez pensar no que mais eu poderia fazer da minha vida. Meu superpoder não foi apenas ativado, mas eu o estava direcionando de uma forma que parecia intencional. Eu estava descobrindo como ativá-lo e quando e onde fazê-lo, quando o deixar em repouso e me sentindo mais confiante com o fato de sua existência. Enquanto antes, na escola, eu estava abalando estruturas, falando, jogando conversa fora e brincando sem nenhum tipo de direção ou método real, agora eu estava concentrando meus esforços em uma intensa explosão de energia. E, ao focar, fui me conhecendo melhor.

Comecei a entender meu apelo e meus pontos fortes ao falar. Enquanto Irv fazia um monte de coisas teóricas, desmembrando um texto em hebraico ou grego, e Tres focava a espiritualidade, meu estilo sempre foi a simplicidade. Mesmo naquela época, meu trabalho era entrar em contato consigo mesmo, pensar em como você se comunica com seus pais e colegas, como ajustar sua vida para aproveitá-la e abraçar o fracasso e os desafios ao lado das vitórias. Meu estilo de falar sempre foi sobre a paixão por trás da mensagem.

Você é o diretor e o roteirista da sua vida.

Eu criava uma frase simples para fazer as pessoas entenderem o meu argumento. Por exemplo: "Quebre o ciclo, eu te desafio." Essa pequena fala abrangia toda uma mensagem sobre quebrar o ciclo geracional da pobreza, obter educação, criar um legado. Esse desafio de uma linha tornou a mensagem memorável. As pessoas sempre me disseram que há algo na qualidade da minha voz que as comove, que as faz querer fazer o impossível. Eu acho que também é porque eu me conheço e posso falar sobre minhas experiências com uma honestidade crua. Nunca tive medo de contar a ninguém sobre minhas lutas. Falar sobre elas ajuda as pessoas a enxergarem o caminho através de suas próprias batalhas. Lutar faz parte de se encontrar. A luta faz parte de encontrar o seu propósito. Mas você nunca precisa fazer isso sozinho.

Encontrei propósito fazendo parte de um esforço coletivo. Grande parte do que falávamos era sobre, juntos, fazer a nossa parte na luta. Nos educando. Tornando-nos os *Talented Tenth* de W.E.B. Du Bois — indivíduo com educação clássica que representaria nossa comunidade para o mundo. Conversamos sobre nos tornarmos colaboradores, ocupando com excelência os nossos lugares de direito. Estudamos estilos de fala juntos, sentados e ouvindo os discursos de Malcolm X e Desmond Tutu. Ouvimos "*Black and Proud*" de James Brown, "*What's Going On*" de Marvin Gaye e Curtis Mayfield. Fizemos protestos pela liberdade de Nelson Mandela e visitamos Atlanta para ver o museu Martin Luther King Jr., onde Coretta Scott King apareceu sem avisar e rezou conosco. Visitamos a 16th Street Baptist Church em Birmingham, onde aquelas quatro meninas foram mortas por uma bomba[1]. Conversamos sobre os maiores pensadores negros dos Estados Unidos e se tínhamos um lugar entre eles. Fazer parte de algo maior do que eu me deu foco e energia.

Por fim, Bell Tower se tornou uma lenda e todos nos conheciam no campus. Os professores de Oakwood começaram a se interessar por nós. Quando os futuros alunos vinham, a administração nos dava um sistema de iluminação e os artistas apareciam para mostrar seus trabalhos. Bell Tower se tornou parte do apelo de vir para Oakwood. Distinguiu-nos de outros lugares. Em dado momento, nossos seguido-

---

1 [N. da T.]: O atentado à *16th Street Baptist Church* ocorreu em 1963 e foi feito pela Ku Klux Klan, deixando vinte feridos e quatro mortos. A igreja era usada como ponto de encontro por líderes da defesa dos direitos civis de pessoas negras, e Martin Luther King era um dos frequentadores.

res se expandiram além do campus e tivemos a oportunidade de viajar pelo Sul, falando em avivamentos e igrejas por dias a fio. Fomos para a Geórgia, para as Bermudas e por todo o Alabama. Comecei a receber convites para sair e discursar sozinho quando Irv e Tres tinham outras coisas em andamento.

É claro que, no terceiro ano, comecei a lecionar no curso GED, mais tarde me tornei professor substituto e acabei abandonando a faculdade, mas, enquanto estive em Huntsville, participei da Bell de 1989 a 1998. E, embora não estivesse me esforçando para me formar, eu estava estudando para outra coisa. Estava fazendo parte do mundo, conhecendo pessoas que me apoiaram e me conhecendo. Eu não tinha uma carreira digna de menção — estava trabalhando em Olive Garden para pagar as contas —, mas, mesmo assim, estava descobrindo meu propósito.

Um propósito nem sempre tem relação com sua carreira. Claro, seu propósito pode se tornar a sua carreira, mas ele tem mais a ver com usar seus dons e agir tendo consciência deles. O uso de seus dons geralmente se manifesta na forma do que gosto de chamar de "Os Intangíveis". Os Intangíveis são as coisas que você faz para usar e aumentar seus dons sem esperar nada em troca. Por exemplo, a Bell Tower não objetivava o lucro ou a notoriedade. Se tratava de espalhar uma mensagem e encontrar conexão. Para mim, ensinar nunca foi sobre construir uma carreira ou flexionar meu ego. Trata-se de ajudar as pessoas a identificar e abraçar seu próprio poder, propósito e porquê. Mesmo hoje, quando grande parte da minha carreira e renda depende de palestras motivacionais, ainda doo meu trabalho. Minha série, *Thank God It's Monday*, ou *TGIM*, sempre foi gratuita. Meu podcast, meus vídeos, minha mídia social — tudo gira em torno de doar meus dons. Sempre que posso, quando viajo para palestrar ou trabalhar com uma equipe, paro nas escolas da comunidade local. Eu vou para o centro de detenção juvenil.

Eu paro no Boys & Girls Clubs. Esses intangíveis são como exercícios ou condicionamento. Eles o mantêm caminhando em direção ao seu propósito. Eles o mantêm focado. E eles constroem seu relacionamento com o mundo ao seu redor. Caminhar em seu propósito é, igualmente, construir seus dons e doá-los às pessoas que precisam. E, quando você os doa, o mundo o abençoa em troca.

Seu Porquê é o que Impulsiona o Propósito

Com o tempo, o propósito muda e se aprofunda. Quando você conhece seu superpoder mais intimamente, isso muda a forma como você avança em seu propósito. Quando o seu porquê se torna melhor definido e com mais camadas, seu propósito também se torna mais claro e complexo. No meu caso, o propósito ficou mais claro com a crise.

Em 2012, Dede e eu estávamos arrebentando. Estávamos estabelecidos em Michigan. Ela tinha um ótimo emprego no Departamento de Saúde do Condado de Ingham, em Lansing. Eu viajava por todo o país, palestrando e construindo minha empresa. Nossos filhos estavam crescidos — Jalin tinha acabado de se formar no ensino médio e Jayda estava no segundo ano. Tínhamos dinheiro suficiente para nos sentirmos confortáveis. Tínhamos tempo para férias. Meu negócio com CJ estava crescendo. A vida era boa.

Mas um dia Dede me ligou quando voltava do trabalho. Nunca esquecerei o som de sua voz. Ela estava confusa e um pouco assustada. Me disse que estava em seu carro e havia feito seu caminho habitual do hospital para casa, que era quase uma linha reta de porta a porta. Ela tinha feito esse trajeto todos os dias nos últimos cinco anos. Mas em algum lugar na volta ela errou o caminho e não tinha ideia de onde estava ou como havia chegado lá. Mais ou menos na mesma época, as pernas de Dede também começaram a doer, o que ela atribuiu a todo o trabalho envolvido na organização da festa de formatura de Jalin, mas, quando a comemoração acabou, a dor não passou. Fomos ao médico na segunda vez que ela se perdeu a caminho de casa. Imediatamente fizeram uma ressonância magnética e a radiologista, que era amiga da família, nos ligou para contar o que viu. Havia lesões no cérebro de Dede. Alguns dias depois, a médica conversou conosco sobre o diagnóstico. Dede tinha esclerose múltipla. Aquilo era parecido com estar em um funeral. A pessoa com quem eu sonhava viver aos 15, 16 anos, a pessoa com quem fiz meus votos de para sempre estava doente e eu não tinha controle sobre isso. Meu porquê estava em apuros.

Quando o seu porquê estiver em perigo, você fará tudo o que puder para protegê-lo. Você começa a viver não apenas com propósito, mas com paixão. E a pessoa que vive com paixão é perigosa. Eles têm uma mentalidade de não rendição. E não vão parar por nada para tornar o sonho uma realidade.

Quando Dede foi diagnosticada com EM, fiquei em estado de choque. Meu cérebro lutava para entender como isso era possível. Não bebíamos, não fumávamos, fazíamos exercícios, comíamos bem. Dede estava em boa forma e nunca teve problemas com doenças crônicas em sua vida. Meu pai de criação tem esclerose múltipla e foi diagnosticado quando tinha trinta e poucos anos, mas eu não estava em casa quando ele e minha mãe começaram a passar por isso, então não fazia ideia do que significava. A experiência de cada pessoa com a doença é diferente. E, para Dede e para mim, foi uma mudança de vida.

A esclerose múltipla é uma doença autoimune que faz com que o sistema imunológico ataque o sistema nervoso, resultando em uma série de sintomas: perda de visão, mãos e pés dormentes, fadiga, fala arrastada. Os médicos expuseram os possíveis desafios: Dede poderia perder a mobilidade e sua capacidade de falar, engolir ou até mesmo de ver. O médico também explicou os possíveis caminhos para o tratamento: ela poderia tentar uma dieta holística para ver como seu corpo respondia e/ou começar a tomar medicamentos que retardassem ou interrompessem o crescimento de lesões em seu cérebro. Decidimos tentar os dois.

No começo, Dede estava otimista, mas ficou arrasada quando a médica lhe disse que ela deveria parar de trabalhar. Ela vem de uma família de mulheres fortes. A mãe de Dede nunca foi casada, essa mulher foi um dos quinze filhos criados sozinhos depois que o marido de sua mãe a deixou. Todos eles trabalhavam, se cuidavam e estavam muito orgulhosos por construírem suas vidas. Dede incorpora o significado do termo *mulher independente*. Eu gosto de brincar que ela é, na verdade, um macho-alfa. Ela não quer depender de ninguém para nada. Mesmo quando estava indo para a faculdade e sua mãe se ofereceu para lhe comprar um carro, Dede não aceitou. Ela trabalhou para isso e pagou sozinha.

Quando você tem EM, deve evitar o estresse o máximo possível, e a carreira de enfermeira de Dede era estressante. Porém, ela a adorava e tentou continuar atuando por mais tempo, entretanto, logo ficou claro que manter sua carreira era insustentável. A aposentadoria foi o começo do fim da velha Dede. Ela percebeu que precisava contar comigo para obter ajuda e que precisaria confiar que eu seria capaz de cuidar dela fisicamente, financeiramente e emocionalmente. É claro que estávamos construindo uma vida juntos há quase trinta anos, mas esse era um novo nível de necessidade um do outro.

A coisa ficou séria quando Dede começou a tomar os remédios. Ela precisava enfiar uma agulha em algum lugar do corpo todos os dias. Segunda-feira era o braço esquerdo. Terça-feira o direito. Quarta-feira era a perna esquerda. Quinta-feira a direita. Sexta-feira era a barriga. E no sábado começaria tudo de novo. As agulhas deixavam hematomas em seu corpo, então ela passou a usar calças e mangas compridas, mesmo no verão. Nos primeiros oito meses, houve momentos em que tudo o que ela conseguia fazer era dormir e comer, e precisava ser amamentada como um bebê.

Às vezes, Dede falava comigo sobre sua culpa — sobre o momento terrível de seu diagnóstico e como ela se sentia mal por me manter em casa. Minha carreira estava explodindo. O vídeo "*Secret to Success*" estava por aí, e esse trunfo já tinha milhões de visualizações. Mas eu não pensava nisso dessa forma. O que foi lindo nesse momento foi a reafirmação do meu porquê. Eu sabia que era minha oportunidade de estar presente para Dede, a pessoa mais forte que já conheci. Era minha chance de estar com ela na doença, de dar a ela tudo o que eu tinha em minha própria saúde. Há anos vinha caminhando no meu propósito, dando 100%, mas, quando a Dede adoeceu, me dediquei plenamente aos meus dons e ao meu propósito. Eu precisava render mais.

O sucesso não é o destino, é a jornada.

Antes de as doenças crônicas fazerem parte da vida da minha família, eu não precisava dar 120%. Juntos, Dede e eu formamos uma equipe completa, mas, quando ela não pôde mais trabalhar, comecei a fazer uma jornada dupla. Eu cozinhava, limpava e levava Jayda em todas as suas atividades — enquanto viajava e dava palestras para nos manter financeiramente estáveis. Mas, por fim, percebi que, se quisesse equilibrar tudo, teria que trabalhar de maneira mais inteligente. Eu não poderia sair nos fins de semana, quando Dede estava em seu estado mais vulnerável. Eu não podia ficar fora por dias seguidos na estrada. Pensei que estava trabalhando duro quando acordava às 3 da manhã, viajando 24 horas por dia, 7 dias por semana, mas descobri que ainda estava retendo alguma coisa. Eu tinha consciência de meus dons e estava no caminho certo, mas foi quando Dede adoeceu que comecei a viver meu propósito por inteiro de forma verdadeira.

Quando tudo deu errado com Dede, descobri que tinha mais para dar. E esta é a verdade. Sempre temos mais. Nós evoluímos. Ficamos mais fortes. Ganhamos a capacidade de fazer mais e de dar mais. Você sempre pode ir mais longe e mais fundo do que imagina. Às vezes, ficamos complacentes. Deixamos que o conforto, a estabilidade e a previsibilidade atrapalhem. Essas coisas não são ruins, mas impedem o progresso. Elas tiram o pé do acelerador e fazem você esquecer que a vida é a jornada, e não o destino.

Crescendo em Detroit, minha mãe tinha um jardim nos fundos. Ela costumava comprar esterco, adubar todas as roças e assisti-las crescer. Ela estava pagando caro por bosta premium. É ela que faz as coisas crescerem. Para produzir hortaliças, é preciso água, luz e bosta. Essa é a fórmula. O mesmo serve para nossas vidas. As coisas que nos alimentam às vezes são horríveis. As coisas horríveis podem nos empurrar para o próximo nível, para lutar mais ferozmente pelo nosso porquê, para incorporar o propósito com a plenitude e a clareza que poderíamos não ter de outra forma. Esses momentos de luta e dificuldade podem ser usados a seu favor. Eles podem ser aproveitados para empurrá-lo mais longe do que você jamais iria sozinho. Os momentos mais difíceis da sua vida são os que o fortalecem.

A Tarefa

1. O que você ama fazer? Esse fazer é prazeroso ou satisfatório? Como isso afeta outras pessoas? O que você ama fazer que afeta positivamente as pessoas ao seu redor? Como você se sente ao ver esse efeito?
2. Que mudança você gostaria de ver no mundo? O que você faz em sua vida que ajudaria a trazer essa mudança? O que você poderia fazer, à sua maneira, para efetuar essa mudança? Isso faz parte da sua carreira ou é algo fora dela? Você quer que seja parte de sua carreira ou quer manter de forma separada?
3. Há uma estruturação para as coisas que gosta de fazer? Um cronograma, um grupo com o qual trabalha etc.? Quando foi a última vez que você arranjou tempo para fazer o que ama? Você tem um plano para aumentar a frequência?

Desafio: Lembre-se de seus dons. Lembre-se do seu superpoder. Faça uma lista das coisas diárias que você faz com seus dons ou superpoderes. O que resulta desses dons? A quem atingem? A quem ajudam? Quem mais gosta deles? Imagine como seriam os resultados desses dons se você os amplificasse para atingir seu grupo de amigos, sua família e seus colegas de trabalho. Agora imagine como seriam os resultados desses dons se estendidos à sua comunidade. Como isso se manifesta concretamente? O que você precisa fazer para começar a usar seus dons de uma forma que atinja a todos ao seu redor? Agora, lembre-se do seu porquê. Como você pode usar seus dons para encontrar seu porquê?

CAPÍTULO

Coloque-se em Território Milagroso

VOCÊ PODE ATRAIR SEU PRÓPRIO MILAGRE.

A maioria das pessoas pensa que milagres são um fenômeno da natureza ou algum tipo de maravilha sobrenatural. Mas posso afirmar: milagres nascem de intenções. As maiores oportunidades da minha vida surgiram porque me coloquei no caminho para elas. Quando comecei a caminhar de acordo com meu propósito com verdadeira intenção, o mundo respondeu e me deu grandes e pequenos milagres. Há um efeito cascata ao exercitar seus dons. As ondulações se tornam cada vez maiores até virarem ondas. Essas ondas — e até mesmo as ondulações — são milagres.

Darei um exemplo. Durante anos, trabalhei de graça, doando meus dons quando se tratava da Oakwood, escolas e da comunidade ao redor de Huntsville. Quando a Bell Tower alcançou o sucesso, fui convidado a realizar apresentações individuais em muitos lugares. Comecei a viajar e a ir a conferências. Eu me conectei com o sistema educacional e acadêmico. Quando comecei a trabalhar em escolas, seus diretores reconheceram que eu levava jeito com os jovens que mais precisavam de conhecimento. Em algum momento, fui convidado a falar em Atlanta para Kenny Anderson, um professor de psicologia em Oakwood. O professor Anderson trabalhou em uma conferência organizada pelo estado de San Diego, em Atlanta, que tratava de ajudar jovens negros a permanecerem na escola e concluir sua educação em instituições predominantemente brancas. Apresentei-me por dez ou quinze minutos, expliquei meu método de ensino do GED e dei a alguns de meus alunos a oportunidade de compartilhar suas experiências.

Por meio desse evento, fui convidado para ir a Louisville para a *Black Family Conference*. Alguém lá me assistiu discursar e me convidou para o *Black Man Think Tank* em Cincinnati. É assim que as oportunidades funcionam — uma leva à outra. E, em Cincinnati, tive uma oportunidade que mudaria tudo. O que só percebi depois foi que todos os palestrantes do *Black Man Think Tank* já estavam acertados. Eu nem deveria estar na lista de oradores, mas fui tão eficaz em minhas aparições anteriores que tive a honra de introduzir o Dr. Na'im Akbar, o famoso psicólogo afro-americano, em sua própria palestra.

Isso foi de grande importância para mim. O Dr. Akbar mudou minha forma de pensar quando li pela primeira vez seu livro *Visions for Black Men*. Embora muito de sua linguagem e teoria fossem avançados demais para meu entendimento na época, agarrei-me a suas ideias sobre como os homens afro-americanos se desenvolvem. Em nossa comunidade, as fases da infância, adolescência e vida adulta nem sempre são superdefinidas e, por isso, alguns jovens correm o risco de amadurecer muito rápido em alguns aspectos e não amadurecer em outros. Ler *Visions* me ajudou a entender o que significa passar de rapaz para um homem. Era o que meu pai de criação estava tentando me fazer entender quando me deu a *Autobiografia de Malcolm X* tantos anos atrás.

Foi um ponto de virada — e um pequeno milagre — quando tive a chance de fazer a fala de abertura do Dr. Akbar. Eu estava abrindo a apresentação para um homem de ideias, um homem que desenvolveu teorias que influenciaram a mim e a minha geração. Ao subir no palco para introduzi-lo, de repente fui associado a uma parte totalmente nova do meu campo. Meu propósito parecia ter se expandido.

A conferência *Black Man Think Tank* ocorreu em um teatro fechado à moda antiga com tapetes cor de vinho, cortinas de veludo presas com grandes cordas com borlas e um segundo andar com vista para o palco majestoso. Enquanto esperava nos bastidores, espiei e vi um público totalmente diferente daquele com o qual normalmente falava. Eu estava acostumado a me colocar diante de jovens do ensino fundamental e médio e da faculdade. Mas este público era formado por meus colegas. Eu tinha 24 ou 25 anos e estava em uma sala com meus irmãos. Este era um espaço de acadêmicos e também de pessoas ilustres — meus tios, meus pais e meus veteranos. Eu conhecia os códigos, as dicas, a linguagem, mas dizer que estava nervoso seria um eufemismo.

Quando estou diante de um público, penso onde estou, com quem estou falando e para o que eles estão ali. Nesse caso, eu estava no meio-oeste, então tinha a vantagem de jogar em casa. No Alabama, falo mais devagar porque o ritmo é mais lento e descontraído. Mas lá, eu poderia falar na minha velocidade normal. Eu também sabia que era o ato de abertura. Quando se está em um show para ver Beyoncé, é a ela quem você quer ver. E está apenas esperando quem fez a abertura sair do palco. Então eu sabia que precisava chamar a atenção das pessoas rapidamente e manter minha energia estável. Eu sabia que tinha que me controlar, mas também tornar aquilo rápido.

Fora do palco, havia um espelho de corpo inteiro, e me pus na frente dele, praticando e praticando, até que finalmente ouvi meu nome ser chamado. Eu fui lá e fiz o meu trabalho. Falei sobre o lugar da vida em que estava — abandonei o ensino médio, mas fui para a faculdade, abandonei a faculdade, mas, de alguma forma, cheguei a esse estágio, o que foi afetado pela compreensão do Dr. Akbar sobre minha vida em um nível teórico. Para encerrar, desmistifiquei a analogia do Dr. Akbar sobre uma lagarta se refugiando em um casulo para emergir como uma borboleta. Terminei tudo num crescendo sobre mostrar ao mundo como voaria, voaria, voaria e, no fim, todo o público foi afetado. Eles estavam de pé, vibrando e batendo palmas e, quando saí do palco, senti o que o nadador olímpico Michael Phelps deve ter sentido depois de se preparar por toda a sua vida para nadar os primeiros 100 metros borboleta na frente do mundo inteiro. Você tem alguns segundos, alguns minutos para realmente incorporar seu verdadeiro propósito, e então acaba e você sabe que foi demais.

No fim, todos vieram até mim. "Jovem, qual é o seu nome? De onde você é? Você fez um trabalho fenomenal. Pegue meu cartão." As pessoas me deram seus cartões — gente da Ohio University, Kent State, Morehouse, Howard, Tuskegee, University of Kentucky — pessoas de todo o mundo. Naquele dia, dois homens que mudariam minha vida se aproximaram. Murray Edwards e Rodney Patterson se apresentaram e me disseram que queriam que eu fosse para a Michigan State University.

Milagres são Produtos da Intenção

Conhecer Murray Edwards e Rodney Patterson foi um milagre. Mudou toda a minha trajetória de vida. Pode não parecer um milagre superficialmente — apenas um encontro casual no lugar certo, na hora certa. Mas vejo que é um fenômeno por si só. Milagres acontecem quando você se coloca no caminho deles. E fazer o melhor com suas habilidades leva você a esse território. Até aquele momento, eu estava trabalhando duro sem parar. Finalmente, quando cruzei com o momento que tanto esperava, estava pronto.

Murray e Rodney me convidaram para falar com os alunos de seu programa, o Black Male Initiative (BMI), que tinha como alvo dar a jovens negros o apoio de que precisavam para ter sucesso na instituição predominantemente branca, a Michigan State. Isso era tudo o que eu sabia. Eu era de Michigan. Eu já estava no negócio de ajudar os jovens não brancos a entender a linguagem da educação. Eu estava trilhando meu próprio caminho no mundo, entendendo os sistemas ao meu redor e como me guiar neles. Não havia nada que fosse mais a minha praia.

Naquele ano, comecei a viajar regularmente de Huntsville para Michigan para falar com os jovens do BMI. Eu faria do meu jeito, daria a eles o pontapé inicial de que precisavam durante as provas intermediárias ou finais. Trabalhei com um programa que trazia calouros do centro da cidade para passar uma semana no campus para aclimatá-los antes que todos chegassem lá. Eu aparecia sempre que Murray e Rodney precisavam de alguém que pudesse se nivelar aos jovens, vê-los como eles eram e deixá-los empolgados. E então eu voltava para casa.

Eu ficava um pouco mais toda vez que ia para Michigan. Visitava minha mãe em Detroit e depois dirigia por uma hora e meia até East Lansing. Era familiar e me fazia sentir vivo ao mesmo tempo. Após alguns anos nessa rotina, Murray e Rodney me disseram que eu precisava terminar minha graduação. Eu pensava nisso o tempo todo. Eu estava apenas envergonhado quanto a conseguir meu bacharelado em Oakwood, mas sabia que precisava terminá-lo para seguir adiante. Era estranho ensinar aos jovens sobre obtenção de um diploma sem que eu mesmo tivesse um. De alguma forma, eu estava levando os alunos para o próximo nível sem um plano ou estratégia real para mim. Ficou claro que eu tinha que fazer algo para mudar isso — praticar o que estava pregando. Murray e Rodney me recrutaram como um atleta — oferecendo-me uma bolsa de estudos e um emprego como consultor acadêmico — e tudo parecia uma progressão natural.

Quando conversei com meu pai de criação sobre deixar o Alabama para terminar minha graduação na MSU, ele me aconselhou a ficar na Oakwood. A maior parte das minhas disciplinas provavelmente não teria aproveitamento, então eu teria que começar do zero, e ele sabia que eu tinha o hábito de deixar meus estudos. Então, coloquei na cabeça que me sentiria mais realizado se fizesse o que me propus a fazer anos antes. No final, demorei doze anos para obter um diploma de quatro anos, mas, quando recebi aquele chapéu e beca e caminhei para receber meu diploma, sabia que estava caminhando para algo muito maior. Quando finalmente terminei os estudos em 2003, estava pronto para deixar Oakwood.

Lansing estava agitada desde 1998, quando o técnico Tom Izzo chegou e o basquete espartano estava em alta. Havia algo magnético naquele lugar que eu não conseguia tirar da cabeça. Fui o mais longe que pude em Huntsville — as pessoas me diziam que eu deveria concorrer a prefeito. Eu não tinha um plano de verdade, mas senti que Michigan era o meu lugar. Para mim, Michigan era um território milagroso.

Dede, porém, não concordava. Na cabeça dela, eu estava sendo impulsivo. Estava regredindo para aquele sem-teto sonhador que ela conheceu aos 15 anos. Este era o Sr. Otimista conversando com a Sra. Realista sobre oportunidades e milagres sem qualquer promessa de estabilidade. Ela não conseguia entender como eu poderia querer desenraizar nossas vidas inteiras por uma aposta incerta. Recebi um convite da Michigan State para uma bolsa de estudos na MSU e um possível emprego como consultor acadêmico, mas não havia assinado documento algum. Nada era oficial. Não sabíamos como seria a vida em East Lansing. Tínhamos trabalhado tanto para estabelecer nossas carreiras e nossos relacionamentos em Huntsville que deixar tudo para trás parecia irresponsável. Dede e eu sonhávamos com essa vida juntos desde a adolescência e, do jeito que ela via, eu estava destruindo tudo. Este foi o momento de maior conflito já vivido em nosso relacionamento.

Dede queria que eu ficasse em East Lansing por alguns meses para verificar as coisas, sentir o terreno, por assim dizer, e lhe relatar. Mas eu sabia que não podia deixar minha família para trás. Não seria a mesma coisa e senti que precisava do apoio total dela para fazer tudo funcionar. Eu disse que precisava dela e das crianças, que precisava vê-los todos os dias para saber como seria a vida de verdade nessa escolha.

Eu pensei muito sobre isso, e todas as minhas experiências e intuição me disseram que esse era o movimento certo. Claro, havia risco envolvido, mas era um risco calculado. Eu tinha conexões. Tinha pessoas torcendo por mim. Tinha evidências de que obtive sucesso e poderia transferir esse sucesso para outro lugar. Mas, para Dede, ainda era assustador. Não havia garantia de que daria certo.

Para chegar ao próximo nível, é preciso aprender a se sentir confortável no desconforto.

Esse é o sentimento de se colocar em um território milagroso. Pode parecer arriscado ou impulsivo. Pode parecer solitário. Na minha cabeça, pensei que este deveria ser o momento mais emocionante da minha vida, mas, na realidade, correr riscos para chegar ao próximo nível pode ser doloroso e difícil. É como ter um filho. Dar à luz é algo lindo, mas também acompanha dor e risco. Quando você quer fazer grandes coisas e abrir novos caminhos, deve se preparar para os esforços necessários para ser grande e conquistar novos territórios. Isso pode causar atrito em seus relacionamentos com familiares, amigos ou seu parceiro de negócios. Mas, se você sabe que essa é a ação correta, você sabe. A chave é desacelerar e comunicar seus sentimentos e planos para as pessoas ao seu redor. Diga a eles o que você está buscando, por que é importante para você e o que você fará para tornar isso real. Milagres são lindos, mas também exigem trabalho, confiança e cooperação mútua. Milagres, em algum nível, são sempre lógicos.

No caso da mudança para a MSU, tudo o que fiz apontava para esse momento. Todas as coisas tangíveis e intangíveis nas quais eu estava trabalhando — tirar o GED, chegar a Oakwood, começar a Bell Tower, ensinar para o GED, me tornar professor —, aproveitar meu superpoder e caminhar em meu propósito estava me colocando na posição certa para atrair oportunidades. E estar na posição de atrair oportunidades é se colocar em território milagroso.

Aqui está o problema dos milagres: eles não simplesmente acontecem. Há intencionalidade em seu entorno. Ninguém simplesmente telefona para você e diz: "Aqui está o emprego com o qual você sempre sonhou" ou "Ei, seu tio há muito perdido deixou para você um milhão de dólares em seu testamento". Os milagres não são eventos sobrenaturais que desafiam a ciência como imaginamos que sejam. Os detalhes mais sutis de como eles acontecem geralmente são uma questão de tempo e iluminação, mas milagres e seus resultados são coisas que desejamos. São as coisas em torno das quais definimos intenções. Em diversos termos, tentei explicar a Dede que aquele era o momento esperado por nós. E não posso dizer que ela estava totalmente a bordo. Ou nem sequer que estava a bordo. Mas, de alguma forma, ela concordou em se mudar.

Em 2003, colocamos nossas coisas no carro com Jayda e Jalin e todas as roupas que pudemos carregar, atrelamos o Mercury Tracer-Trio de Dede ao meu Suburban e dirigimos para o norte. Deixamos para trás uma casa cheia de objetos. Não tínhamos locatário, comprador ou sistema de alarme, assim como não tínhamos um plano sólido. Dede largou um emprego que amava. Jayda estava indo para o jardim de infância e Jalin estava indo para o terceiro ano, e não tínhamos ideia de onde os matricularíamos quando chegássemos. Não tínhamos ideia de onde moraríamos. Dede estava chateada. Ela não falou comigo durante toda a viagem. Dirigimos em completo silêncio nos quase 1.200 quilômetros de Huntsville a East Lansing.

Quando finalmente chegamos, a universidade nos hospedou em seu hotel no campus. Durante um mês, moramos em um quarto obsoleto com carpete verde-escuro, duas camas de casal, móveis grandes e pesados no estilo Rainha Ana e uma escrivaninha onde fazíamos sanduíches de manteiga de amendoim e geleia todos os dias. Jayda e Jalin não tinham quintal para brincar, então corriam pelos corredores quando não estavam na escola. Ninguém tinha privacidade e vivíamos meio que do lado de fora, em nossos carros, porque não havia lugar para colocar nada. Andávamos de um lado para o outro no estacionamento para escolher uma roupa ou um par de sapatos. Todos os dias, tínhamos vales para comer na sala de jantar do andar de baixo, mas a comida não era boa. Ajudávamos as crianças com o dever de casa espalhados pelo chão todas as noites. E, claro, Dede ainda não queria falar comigo.

Por fim, conseguimos moradia no campus em um complexo de apartamentos perto da universidade. Era maior, mas tudo estava velho e caindo aos pedaços. O linóleo da cozinha estava amarelado, os eletrodomésticos eram antiquados e, aos fins de semana, havia festa constante pelos corredores. Lembro-me de ver jovens carregando barris de cerveja e ouvia música através das paredes de sexta a domingo, a noite toda. Dede não foi a mesma durante meses. Acho que ela sentiu que eu traí nosso sonho conjunto — que o troquei por algo abstrato e instável.

Mas mesmo nos dias mais sombrios, eu sentia a novidade. Eu sentia esperança. Eu sabia que não poderia abrir minhas asas em uma faculdade de quatro anos. Percebi o limite em Huntsville e isso me fez sentir sufocado — como se eu fosse uma planta crescendo demais para seu vaso e minhas raízes estivessem se preparando para romper meu recipiente. Eu sabia que precisava estar em algum lugar diferente para avançar ao próximo nível. Eu também sabia que queria que nossos filhos experimentassem como era viver próximo a um campus de nível mundial como o Michigan State. Todas aquelas pessoas talentosas — atletas, acadêmicos, intelectuais de todo o mundo. Mesmo não sabendo exatamente o que viria a seguir, eu sabia que estava no lugar certo.

Em dado momento, Dede teve uma experiência emocional séria. Ela foi a Deus e pediu o que precisava. Acho que, de certa forma, ela se rendeu e, ao se render, encontrou exatamente o que procurava. Logo depois, ela conseguiu um ótimo emprego como enfermeira para o condado, primeiro com saúde da mulher e depois trabalhando com mulheres que lidam com câncer de mama e cervical. Ela estava próxima de sua mãe e família em Detroit e podia ir e voltar para vê-los nos fins de semana. Ela começou a frequentar uma igreja local e a novamente construir uma comunidade.

E a jogada deu certo. Nos anos seguintes, fiz meu mestrado e doutorado na MSU e toda a minha vida — todas as nossas vidas — mudaram. A mudança se tornou o impulso necessário para todo o resto. A mudança trouxe todos os milagres que viriam.

Receber Milagres Não é um Ato Passivo

Colocar-se em território milagroso é o que você faz ao usar ativamente seus dons e, ao fazê-lo, cria-se possibilidades para si mesmo. O território milagroso é o lugar onde você encontra possibilidades se abrindo a um mundo pronto para receber seu propósito.

Usar ativamente seus dons é caminhar em seu propósito. E usar seus dons nem sempre significa que você se beneficiará financeiramente ou que deve esperar algo em troca. Quando você acorda todos os dias caminhando em direção ao seu propósito, em vez de buscar um contracheque, você está criando um valor intangível. O valor intangível é o que sustenta e dá forma ao seu valor tangível. O valor intangível tem a capacidade de atrair milagres.

A diferença entre aqueles que têm sucesso e os que fracassam é o não aproveitamento das oportunidades.

Isso é verdade em quase 100% do tempo em minha vida. Por exemplo, sempre participei de conferências para ouvir outras pessoas falarem. Comecei a frequentá-las, não para ser o orador principal, mas para me conectar com organizações que realizavam um trabalho ao qual eu sentia alinhado junto às minhas crenças e valores pessoais. Eu nunca estive lá para administrar a junta. Quando comecei a aparecer nos eventos, estava lá para organizar. Eu estava lá para fazer e ajudar outras pessoas a fazerem suas atividades. Eu estava lá para arrumar as salas, buscar as pessoas no aeroporto, distribuir o almoço para os participantes. Eu estava lá para limpar e aspirar quando todos já tinham ido para casa. Para mim, participar de conferências e eventos significava aprender e ser útil. O serviço é um exemplo perfeito de criação de valor intangível. Tirar o lixo e arrumar os quartos não estava me dando dinheiro. Não era uma habilidade que eu pudesse colocar em um currículo ou que me levasse adiante em minha educação. Mas estava me levando para ambientes onde as coisas estavam acontecendo, onde as pessoas estavam fazendo conexões e as oportunidades estavam disponíveis. Quando você constrói seu valor intangível, se coloca em um espaço de atração de oportunidades. Se você é um trunfo para as pessoas ao seu redor, você começa a atrair oportunidades. E as oportunidades são milagres por si só.

Receber milagres não é um ato passivo. É qualquer coisa, menos isso.

Todos querem ser grandes. Todos querem experimentar o que consideram ser o sonho americano. O engraçado é que muita gente acha que precisa de algum golpe de sorte para alcançar a grandeza. Acham que precisam ganhar na loteria ou ter sucesso em Las Vegas para alcançar esse lugar de segurança financeira ou emocional. E, claro, a loteria pode ser um território milagroso. Vegas também. Mas é um território milagroso sobre o qual não há muito controle. Há uma chance em um milhão de ganhar na loteria ou acertar em cheio em uma máquina caça-níqueis. Aperfeiçoar seus dons e receber oportunidades é altamente factível.

Pense nisto: as pessoas ficam agressivas quando jogam na loteria, fazendo fila todos os dias para pegar um bilhete. As pessoas estão dispostas a se sentar por horas e apostar em seus computadores. Ficam agressivas sobre ir a Las Vegas, planejar a viagem, gastar dinheiro nos caça-níqueis ou nas mesas de apostas. Mas, quando se trata de suas próprias habilidades, tornam-se passivas. Em vez de usar seus ganhos para investir em sua educação ou aprender mais sobre seus dons, ficam nos bastidores e esperam que as coisas cheguem até elas.

Eu não me sentei e esperei que as pessoas viessem me pedir para palestrar em seus eventos. Nem sempre planejei me tornar a atração principal que sou hoje, mas sabia que, se quisesse ter alguma influência, teria que trabalhar para chegar ao topo. Eu tinha que dar as caras e tentar. Eu tive que pavimentar o caminho para o meu próprio milagre. Usar seus dons todos os dias, mesmo quando não faz tanto sentido, é se colocar em território milagroso. Foi assim que conheci meu parceiro de negócios, CJ.

Quando comecei a frequentar a MSU, trabalhei com um técnico de futebol na Sexton, uma escola secundária da classe trabalhadora em East Lansing. Um dia, em 2005, o treinador Daniel Bogan me convidou para ir até lá para conversar com alguns jovens sobre um programa que ele estava realizando, mas eu tinha um trabalho conflitante na MSU, então precisei recusar. No dia da palestra, a MSU cancelou, então fui até Sexton para ver se eles ainda precisavam de mim. Eu poderia ter ido para casa e tirado o resto do dia de folga, mas, como malhar ou rezar, fazia questão de exercitar meus dons todos os dias, então apareci apenas para ver no que poderia ajudar. O treinador Bogan já havia preenchido a lista do dia e não tinha espaço para minha palestra. Mas ele me disse para aguentar firme e me sentou em uma mesa com outras pessoas enquanto ele veria o que poderia reorganizar.

Comecei a conversar com um homem chamado Carlas Quinney Sr. Ele estava em seus quarenta e tantos anos e era fortemente envolvido em programas de futebol em toda a cidade. Seus próprios filhos jogavam futebol e ele gostava de se envolver com o treinamento e o desenvolvimento de jogadores. Em nossa conversa, eu disse a ele que estava lecionando na MSU, prestando consultoria acadêmica e trabalhando na *Black Male Initiative*. Seus olhos brilharam e então ele olhou para mim com muita seriedade e me disse que eu precisava conhecer seu filho, que era um calouro no campus. Ele explicou que seu filho estava indo muito bem como conselheiro e mentor acadêmico, e era uma loucura que ainda não tivéssemos nos conhecido. Então, dei a ele o meu cartão e convidei o filho de Carlas para ir até o meu escritório.

Isso foi em uma sexta-feira. Como CJ conta, seu pai ligou assim que ele chegou em casa e lhe disse que ele precisava vir falar comigo na segunda-feira. CJ aceitou. Na manhã de sábado, seu pai ligou novamente para lembrá-lo. CJ concordou novamente. No domingo, seu pai ligou e disse a mesma coisa. Segunda de manhã também. CJ estranhou um pouco a inflexibilidade de seu pai sobre o assunto — C. é o tipo de pessoa que tem um profundo senso de motivação interna e não precisa de ninguém para pressioná-lo a se envolver ou conhecer novas pessoas. Ele teria vindo me ver sem o incentivo de seu pai, mas foi o incentivo de Carlas Sr. que mostrou o potencial de nossa conexão.

Quando ele apareceu no meu escritório na manhã de segunda-feira, CJ era CJ. Nunca lhe faltava confiança, ele estava ansioso para me contar sobre os prêmios e elogios que já havia recebido. Ele acabara de trabalhar com o prefeito e o governador e fora homenageado como mentor do ano na MSU. Sentamos-nos e mostrei a ele o vídeo de uma palestra que acabara de fazer em Omaha, Nebraska, que o impressionou. Nenhum de nós sabia naqueles primeiros momentos, mas nos tornaríamos parceiros de negócios e melhores amigos para o resto da vida. Desde aquele dia, CJ e eu nunca mais nos separamos. Este foi outro milagre da oportunidade.

Eu não precisava ver o treinador Bogan depois que minha apresentação na MSU foi cancelada. Eu poderia ter ido para casa e colocado meus pés para cima, mas, como alguém comprometido em caminhar em meu propósito, falei sério sobre usar meu superpoder todos os dias. A simples escolha de fazer isso me colocou na posição de receber a conexão com a pessoa que me levou ao próximo nível. CJ é a pessoa que conseguiu converter meu trabalho e meus dons em um negócio. Sem ele, sei que não estaria onde estou hoje. É possível que CJ e eu tivéssemos nos encontrado em algum outro lugar do campus outro dia. É possível que acabássemos em outro evento juntos em algum lugar no futuro e trocássemos informações de contato. Mas cheguei a ele por meio de seu pai, que me validou e me defendeu. Foi um milagre termos nos conectado da maneira como o fizemos.

Milagres Podem Surgir nos Lugares mais Óbvios

CJ e eu iniciamos um programa na Michigan State chamado Advantage. Nomeamos dessa forma porque estávamos trabalhando em uma instituição predominantemente branca que se preocupava predominantemente com as necessidades de 93% dos alunos, que eram brancos. Isso automaticamente deu a esses alunos certas vantagens. Nosso programa foi criado para preparar e aconselhar aqueles jovens nos quais o sistema acadêmico não necessariamente se concentra. Nosso programa lhes daria a vantagem que faltava.

O Advantage foi uma consequência do BMI. CJ e eu tínhamos a sensação de que poderíamos construir algo novo e diferente, algo que poderíamos levar para outras Universidades e expandir para novos públicos além da MSU. Por fim, esse sonho se tornou realidade. Toda segunda-feira, colocávamos todos os nossos jovens em uma sala em algum lugar do campus e eu falava com o intuito de motivá-los para a semana por vir. E, em algum momento, o Advantage começou a atrair jovens de demografias além daquelas para as quais o havíamos configurado. Algumas pessoas viajando de fora da faculdade vieram checar o que estava acontecendo. Jovens, velhos, negros, brancos — o Advantage servia a todos que precisavam.

O Advantage nos abriu para um novo território milagroso: a internet.

Se você me conhece, sabe sobre o vídeo "Secret to Success". Colocar esse vídeo no YouTube foi nos colocar no território do maior milagre que poderíamos imaginar. Se você já conhece a história do guru, você sabe. Mas talvez lhe falte a informação de como isso aconteceu.

Aconteceu em uma sala de aula na Michigan State. Era outubro de 2006. Eu morava em Lansing havia cerca de três anos. Tínhamos começado o Advantage no ano anterior. Eu tinha 36 anos, estava trabalhando em meu doutorado e dando duro. Eu palestrava há anos. O discurso motivacional não era necessariamente o meu ganha-pão como é hoje, mas eu já sabia que era meu chamado espiritual e também estava ficando conhecido por isso no campus da MSU. Eu tratei a fala como um atleta trata a prática: com repetição. Memória muscular. Fazer algo repetidamente para ficar cada vez melhor. Mesmo naquela época, eu discursava quase todos os dias para algum grupo em algum lugar. Toda vez é especial. É novo. Tem urgência. Nunca é a mesma coisa. Naquele dia não foi diferente. Eu estava fazendo o que faço de melhor. Mas também foi apenas mais um dia na vida do E.T.

O grupo de crianças para quem eu estava palestrando naquela sala de aula naquele dia específico fazia parte do programa Advantage. Foi pouco antes das provas do semestre. Muitos deles estavam em uma posição tênue. Se não se organizassem e obtivessem sucesso nos testes, seriam expulsos da Universidade e mandados para casa. E, para muitos desses jovens, ir para casa seria devastador. Chegar à MSU era um sonho que parecia impossível. Perder esse sonho significaria voltar para os conjuntos habitacionais ou para uma cidade onde as oportunidades são escassas e a educação de nível superior, inexistente. Os resultados dos próximos exames seriam um momento decisivo — um momento que literalmente determinaria seu futuro. Eu sabia quando entrei naquela sala de aula que minha mensagem tinha que ser urgente. Para mim, parecia vida ou morte.

A história que contei foi mais ou menos assim: um homem que deseja progredir nos negócios procura um guru e diz a ele: "As pessoas dizem que você conhece o segredo do sucesso. Qual é o segredo, guru?"

O guru responde: "Se você quer aprender o segredo, encontre-me na praia amanhã cedo."

Então, na manhã seguinte, o homem aparece na praia de terno para encontrar o guru. Ele diz ao homem para segui-lo até a água. O homem olha para o guru como se ele fosse louco, mas obedece mesmo assim. Quando a água está na altura do peito, o guru empurra a cabeça do homem para baixo e o segura até que ele esteja lutando e agitando os braços. Até que o guru deixa o homem emergir na superfície. Quando ele finalmente recupera o fôlego, o guru pergunta: "Quando estava debaixo d'água, o que você queria mais do que tudo?"

O homem responde: "Respirar."

O guru acena com a cabeça e diz: "Agora você conhece o segredo. Quando quiser ter sucesso tanto quanto quiser respirar, você o terá."

Havia mais na conversa, é claro, mas essa era a parte mais conhecida pelas pessoas. É a parte que as pessoas repetem continuamente. Comparado com outras coisas que já fiz, o vídeo "Secret to Success" pode não parecer grande coisa. Está um tanto granulado e estou com uma camisa de botão que jamais usaria hoje em dia. Mas tudo bem, sou eu. E é a minha voz. E é o ponto de inflexão da minha carreira. Eu não sabia, claro. Não fazia ideia que esse pequeno vídeo seria o combustível que me levaria ao próximo nível. Eu não tinha ideia de que andaria por aeroportos e ruas, e as pessoas me parariam e diriam: "Eu conheço você — você é o cara do guru." Eu não sabia que começariam a usar camisetas com meu rosto ou minhas citações. Tudo o que eu sabia naquele momento era que queria que aqueles jovens ouvissem e sentissem profundamente o que eu tinha a dizer. É assim que sempre me sinto quando me levanto e converso com um grupo de crianças que estão à beira do precipício de seu futuro.

Somente quando você quiser o sucesso tanto quanto quer respirar, você o terá.

A única diferença entre aquele dia e qualquer outro era que havia uma câmera naquela sala e um microfone em meu colarinho. Um rapaz que eu conhecia da Universidade, chamado Kenneth Nelson, perguntou se poderia me gravar dando uma de minhas palestras. E pensei: *por que não*? Estar disposto a tentar algo novo também o coloca em território milagroso.

Eis a questão: eu dava essas palestras. Aconselhava aqueles jovens. Antes daquele dia, eu tinha uma carreira de doze anos como palestrante. Toda semana, eu visitava centros de detenção juvenil com meninos cujas vidas estavam em uma espiral descendente que não podia ser interrompida, jovens cujos pais foram mortos ou que viram seus amigos morrerem diante de seus olhos. A intensidade naquelas salas era dez vezes maior da que você vê no vídeo do guru. Mas ninguém jamais pensou em me filmar ou colocar um microfone na minha boca.

Naquele dia, não cheguei lá com muita coisa planejada. Eu nunca planejo. Normalmente tenho uma ideia geral sobre o que vou falar — um assunto, uma mensagem, uma atmosfera —, mas não escrevo ou pratico com antecedência. A aprendizagem mecânica nunca foi muito a minha cara. Eu me saio melhor quando sinto que posso ser espontâneo, quando posso ver o que a multidão precisa e calibrar minha entrega e conteúdo de acordo com a vibração deles. No entanto, naquele dia, eu tinha um cartão de anotações na mão. Você consegue vê-lo no vídeo. É estranho. Eu nunca uso. Não é a minha. Não é natural. Mas, por alguma razão, naquele dia, eu havia escrito uma citação de Lance Armstrong: "A dor é temporária. Pode durar um minuto, ou uma hora, ou um dia, ou um ano, mas vai diminuir e outra coisa tomará o seu lugar. Se eu desistir, no entanto, dura para sempre." E quando li, aqueles jovens se sentaram. (Às vezes as pessoas pensam que essa citação é minha, então, Lance, se você ouviu falar disso, me desculpe, mano. Eu não estava tentado me apropriar de sua sabedoria.)

E ainda há outro fato: não sei por que contei a história do guru. Não pensei sobre isso antes de entrar lá naquele dia. Sei que uma versão disso vem de um livro que li anos antes, mas nem sequer me recordo de eu mesmo ter lido essa parte pela primeira vez. E ainda assim as palavras estavam na minha boca, ressoando por aquela sala, viajando por aquele microfone, sendo gravadas por aquela câmera de vídeo. Lá estava a história, chegando aos ouvidos desses jovens cujas vidas e futuros estavam em jogo. Lá estava ela para milhões e milhões de pessoas que a ouviram desde então.

CJ também estava na sala naquele dia e concorda comigo. Ele diz que foi como em qualquer outro dia. E, como todos os dias, consegui a atenção daqueles jovens. CJ diz que, quando eles ouviram minha voz, minha intensidade, minha urgência, foi como se seu pai ou treinador estivessem gritando com eles. Todos pareciam ter se metido em um pequeno problema. Todos se remexeram em seus assentos. Todos se sentaram um pouco mais eretos.

Além da câmera, a única outra diferença eram os anos de trabalho que realizei antes de entrar naquela sala de aula. A essa altura, eu estava começando a dominar meu ofício. Eu tinha uma ideia da resposta do público. Eu tinha uma ideia do que daria às pessoas aquele fogo de que precisavam para chegarem ao próximo nível. CJ acredita que o que tornou aquele dia especial foi que minha voz e toda a sua profundidade seriam ouvidas por qualquer pessoa no mundo que quisesse ouvi-la.

Uma vez com o vídeo em mãos, o usamos para orientações. Exibimos para os jovens no Advantage. Tínhamos outra versão que circulou por toda a MSU para determinados programas, e como uma espécie de propaganda para o Advantage. Então, nosso outro sócio, Karl, teve uma ideia. Como estávamos começando nosso próprio negócio fora da universidade, CJ ouviu dizer que havia um lugar na internet onde as pessoas estavam postando vídeos de seus filhos e gatos. Ele telefonou para Karl, que fazia um monte de bicos para nós na época, e disse a ele para postar o vídeo no YouTube. Isso foi em 2008. O YouTube já existia há alguns anos, mas não era o sucesso de agora. Então Karl criou um canal no YouTube, postou o "Secret to Success" e o esqueceu por lá. Na época, não contávamos com marketing. Não tínhamos redes sociais. Achamos que era um bom lugar para arquivar o material que estávamos produzindo.

Esse espírito experimental também é um território milagroso. CJ, Karl e eu sempre fomos bons em experimentações. No início de nossas carreiras, estávamos apenas atirando para todos os lados na tentativa de acertar algo. Estávamos dispostos a tentar praticamente qualquer coisa ao menos uma vez, para ver se funcionava. Ser experimental, estar disposto a experimentar coisas, disposto a falhar e falhar de novo, e depois levantar e tentar mais uma vez — isso é se colocar no território do milagre. É assim que algumas das pessoas mais bem-sucedidas do mundo — cientistas, artistas, chefes, advogados — realizam suas maiores conquistas. Através da pura vontade de experimentar algo.

Como fazer isso em sua própria vida? Como encontrar espaço para se abrir para um novo território? Houve um tempo em que eu não estava tão aberto para o mundo e, em algum momento, não tive escolha a não ser me abrir e enxergar as coisas com novos olhos. Para mim, a abertura veio como resultado de não fazer as coisas de maneira convencional. A diferença tem suas vantagens. A abertura também veio como resultado de enxergar meus erros. Se você continua fazendo algo da mesma maneira e ainda não está funcionando, há algo de errado com a forma como você está fazendo as coisas. Sendo capaz de reconhecer isso, poderá reconhecer a oportunidade de se abrir para uma nova maneira de agir. Você deve se sentir confortável com a sensação de estar desconfortável.

Experimentei ser minoria pela primeira vez ao chegar à Michigan State. Foi desconfortável. Mas sem essa experiência eu não teria progredido ou crescido. Eu não teria sido exposto a diferentes formas de aprender e ensinar. Eu não teria a oportunidade de absorver novas ideias e conhecer novas pessoas. Quando você experimenta, quando tenta algo novo, quando se coloca em novos lugares com novas pessoas, grandes coisas podem acontecer.

Agora veja: o vídeo "Secret to Success" ficou em nosso canal por três anos antes de realmente registrar qualquer visualização. E então, um dia, alguém nos enviou um link para um vídeo. Giavanni Ruffin, um esperançoso aspirante da NFL, pegou o "Secret to Success", cortou, encaixou em uma música e fez uma montagem de treino. Nele, você ouve minha voz: "Se você quer ter sucesso... tanto quanto quer respirar... então você terá sucesso", e você vê Giavanni chegando à sala de musculação, correndo pela praia, suando e ralando como um animal. Giavanni ainda não havia sido convocado, mas estava se preparando para fazer alguns treinos com qualquer time da NFL que ligasse. Pelo que entendi, o vídeo o impulsionou quando ele estava tentando alcançar o próximo nível. A internet era um território milagroso. O vídeo de Giavanni foi o milagre.

De repente, a história do guru se tornou viral. Foi remixado pelo artista de rap Da' T.R.U.T.H. Foi distribuído por Floyd Mayweather. Ouvi um treinador mencionar na ESPN que o Heat a ouviu no primeiro ano em que LeBron venceu o campeonato. Outros remixes apareceram na internet, e aquele vídeo simplesmente estourou. Alguns milhares. Mais alguns milhares. Mais algumas centenas. E então, um dia, CJ me ligou e disse que tinha centenas de milhares de visualizações. Mal podíamos acreditar. A engenhosidade de Giavanni me catapultou para outro nível. Previa a próxima fase da minha carreira. Desde então, minha voz se tornou um elemento fixo na televisão nacional. Foi ambientada em comerciais da Dodge, da Dick's Sporting Goods, da Goodyear e da programação da NBA na TNT. Faço comercial para o Super Bowl quase todos os anos desde então.

Para CJ e para mim, nos envolver com mídia social e desenvolver uma estratégia digital desde o início foi nos colocar em território milagroso.

Nunca esperávamos que o YouTube ou o Instagram fossem a principal plataforma de mensagens para nosso público. O Instagram nem sequer existia quando começamos. Mas, da mesma forma como você primeiro deve tentar encontrar seu superpoder e dons, também deve tentar coisas novas primeiro para entrar no território dos milagres. Se você nunca tentou tocar violino, não sabe se tem o dom da música. Se não tenta jogar tênis, não sabe se consegue acertar um backhand médio. Se você não se levantar e tentar algo novo, sair por aí, você nunca chegará em território milagroso.

Em algum momento, a história do guru se tornou uma lenda. Foi um marco antes que eu o reconhecesse por mim mesmo. Um dia, olhei para cima e as pessoas sabiam meu nome porque sentiram e entenderam a urgência que eu estava tentando transmitir àquela sala de aula de jovens. Eles sentiram e usaram como combustível.

Não contei mais a história do guru depois daquele dia na aula. E agora só faço se alguém pedir para um seminário. Mas, mesmo assim, pergunto a eles: "Por que você quer ouvir essa história de novo? Você já a conhece. Se quiser, você pode procurar e assistir de novo e de novo." Mas as pessoas gostam de ouvir os hits. O importante para CJ, porém, era que eu não me tornasse um fenômeno de um só sucesso. Então, todos os dias, continuamos construindo sobre o que já temos. Lançamos novos vídeos que, se você pensar bem, são pequenos milagres em si mesmos. É admirável que eu possa falar com você toda semana com uma nova mensagem e me conectar a você em sua própria casa. É notável.

Se você tivesse me dito que contar essa história para uma sala de aula cheia de estudantes universitários se preparando para as provas seria um ponto de inflexão em minha carreira, eu não teria acreditado. Mas é assim que as coisas acontecem. Você pratica e pratica. E então dá as caras para o jogo. Olhe para Steph Curry. Ele é um garotinho de uma escola pequena, que acabou de praticar aquele arremesso de três pontos. E então, um dia, quando ele apareceu na quadra da NBA, era como se ele fosse um superastro totalmente formado que surgiu do nada. Mas é assim que as carreiras são feitas. Não é mágica. Você pratica e pratica, repete e repete, torna isso parte de sua memória muscular, tudo quando ninguém está olhando. E então, você joga um jogo, acerta todas as suas cestas, faz um touchdown vencedor e, de repente, está em um nível diferente. Os milagres vêm da prática.

Prepare-se para o seu Milagre, Visualize-o

Então, como você se coloca em território milagroso?

Em primeiro lugar, milagres lhe acontecerão quando você for mais você. Se já identificou seu superpoder e está trilhando o caminho do seu propósito, isso significa que está no caminho certo para descobrir e honrar o seu eu mais íntimo. Mas é importante lembrar disso: quando você está procurando oportunidades, é possível que sinta que precisa ser uma determinada coisa ou agir de uma maneira específica ou desempenhar um tipo de papel para obtê-la. Ao agir como outra pessoa, não há apenas traição de si, mas também há uma sinalização para o mundo de que você não se sente confortável consigo mesmo. As pessoas podem sentir isso, estejam conscientes disso ou não, e responderão da mesma forma. Sendo a versão mais autêntica de si, as oportunidades adequadas a você e a seus dons começarão a chegar.

Passe tempo com pessoas que testemunharam ou receberam milagres. Ando com gente que viu todos os tipos de milagres e que também acredita neles. Há poder em conviver com pessoas positivas — pessoas abertas ao mundo são cheias de curiosidade e admiração. Se você tiver a chance de conversar com pessoas que viram coisas maiores do que você e do que elas mesmas, poderá aprender com suas experiências. É como obter conselhos de xamãs nativos ou estudar provérbios africanos sobre ir a diferentes reinos espirituais. As pessoas que passaram antes de nós em território desconhecido são os melhores modelos para nos ajudar a entender como podem ser as histórias e experiências de milagres. Se eles podem ter um milagre, você também pode.

As oportunidades surgem quando você se prepara para recebê-las. Quando pratica seu propósito todos os dias, colocando a intenção em receber oportunidades. Se você é um escritor, você acorda e escreve. Mas não é só isso. Você se conecta a outras pessoas que escrevem. Você faz aulas de redação ou ouve outros escritores dando palestras sobre a arte da escrita. Você envia seus escritos para amigos e familiares ou outros escritores para que leiam. Talvez os envie para um agente ou uma revista. Talvez busque oportunidades de carreira que envolvam a escrita. Ao se colocar em posição de praticar seu ofício, pensar e falar sobre ele, você não está apenas se colocando em posição de receber oportunidades, mas também de criá-las.

É preciso estar pronto para o seu milagre. Visualize-se recebendo-o. Aja como se o seu milagre estivesse chegando. Ao praticar seu dom e se colocar no caminho das oportunidades, você está se preparando ativamente, emocional e espiritualmente para receber um milagre. Mas, se você puder visualizar como é finalmente recebê-lo, também estará abrindo ativamente sua mente para o território onde os milagres acontecem. Atletas fazem isso o tempo todo. Eles assistem às filmagens. Estudam outros jogadores. E se estudam. Se visualizam correndo, fazendo passes, touchdowns, se saindo bem, vencendo o campeonato, conseguindo a medalha.

Quando eu estava lutando academicamente para me colocar na mentalidade de excelência, eu colocava um chapéu e uma beca, colocava a música da formatura para tocar e, em minha mente, atravessava o palco para receber meu diploma. E então eu voltava ao trabalho. Anos antes de podermos comprar a casa onde minha esposa e eu agora moramos meio período em Cali, fomos visitá-la para imaginar como seria a vida lá. Antes que eu pudesse comprar o carro que tenho agora, me sentei nele para sentir como seria possuí-lo. Quando minha sogra teve câncer, os médicos a mandaram para casa para morrer. Mas ela acreditava que viveria até ver seus netos se formarem na faculdade. Ela se viu na plateia, observando-os atravessar o palco com seus chapéus e becas. Ela se colocou no espaço emocional para receber um milagre. Ela se preparou espiritual e mentalmente para receber o que parecia impossível. Isso foi em 2008. Minha sogra ainda está viva e viu os netos se formarem. Agora ela prometeu vê-los se casar. Se você se preparou para receber o milagre, estará pronto quando ele chegar. Você saberá o que fazer com isso.

Pego uma página do livro de Axel Foley, o personagem de Eddie Murphy em *O Tira da Pesada*. Ele tinha credencial — seu distintivo —, mas aquele garoto de Detroit tinha a confiança nas alturas. Todos presumiam que ele era o que dizia ser e isso era o suficiente para levá-lo onde quisesse. Quando eu estava crescendo, começando a ir a conferências enquanto ainda estava em Oakwood, criei uma empresa de mídia chamada *Concerned Black Students*. Eu chegaria a uma conferência em que Dennis Kimbro estava falando e diria aos organizadores: "Ei, sou da CBS, posso ter alguns minutos com Dennis?" Eu fui a uma conferência em que Steve Harvey estava no palco e conversei cara a cara com Steve. Ninguém fez perguntas e eu não estava sendo hipócrita. Eu estava apenas usando minha criatividade para falar com as pessoas com quem eu queria aprender. Fiz meus próprios milagres, colocando-me em posição de conhecer pessoas com quem queria aprender e passando tempo em lugares onde o conhecimento fluía.

No meu negócio, chegar ao nível de palestras corporativas é um grande feito. Se as empresas começarem a contratá-lo para entrar e falar com suas forças de vendas e seus diretores executivos, você está indo bem. Hoje faço isso o tempo todo — trabalhei com Under Armour, AT&T, Rocket Mortgage e toda uma gama de empresas da Fortune 500. Mas quando eu estava começando, nem sequer sabia como entrar no campo corporativo. Eu não falava a língua deles. Então comecei a estudar as empresas onde queria palestrar, comecei a aprender como elas começaram, quem as dirigia e onde ficava a sede. Iniciei uma série de vídeos chamada *Thank God It's Monday*, com o objetivo de motivar profissionais atuantes, principalmente os da esfera corporativa. Mesmo antes de começar a trabalhar no meio corporativo, comecei a me preparar para isso.

Em 2012, finalmente tive minha primeira oportunidade. Um jovem de Cleveland que trabalhava para uma filial da Quicken Loans queria me levar ao seu escritório para falar com seus colegas sobre a construção da cultura de sua equipe. A empresa não pagaria por isso, então por US$ 5 mil, ele liderou oito sessões e me trouxe para conversar com sua equipe durante dois dias.

Nos últimos minutos da oitava e última sessão, um cara chamado Tony Nuckolls entrou na sala e me ouviu falando. Na época, ele era o vice-presidente de liderança e desenvolvimento de treinamento, o afro-americano de mais alto escalão na empresa. Ele se aproximou de mim depois e disse que eu era um pouco rude para os negócios, mas gostou do que eu tinha a dizer e do meu estilo natural. Ele se ofereceu para ajudar a me dar alguns conselhos e treinamento para calibrar meu trabalho para o meio corporativo. Se eu fizesse tudo certo, ele disse que me ajudaria a me colocar na frente de alguns dos superiores da empresa.

Tony mudou tudo para mim. Muito do que aprendi sobre negócios veio disso. E, quando coloquei meu pé na porta da empresa, consegui a chave para várias outras.

A Tarefa

1. Há momentos na vida em que você sente que estava no lugar certo na hora certa? Por que você estava lá? O que o levou a estar naquele lugar naquele momento específico? Que escolhas o levaram até lá? Como as escolhas feitas por você o levaram a esse momento?
2. Quais são as oportunidades recebidas por você que mudaram a sua vida? Quem são as pessoas que ajudaram a lhe trazer essas oportunidades? Como você conheceu essas pessoas? Como essas pessoas se entrelaçam com a sua vida? Que tipos de oportunidades elas recebem?
3. Quais são as oportunidades que você gostaria de receber? Quem mais experimentou essas oportunidades — pessoas ricas, famosas ou pessoas em sua própria vida? O que você faria com essas oportunidades se as recebesse?

Desafio: Pense em uma oportunidade que você gostaria de receber. Pense no que seria necessário para recebê-la. Onde você precisaria estar? Quem você precisa conhecer? Como seria recebê-la? Como seria a sensação? Faça uma lista de passos grandes e pequenos que diminuiriam a distância entre você e essa oportunidade. Faça uma lista de pessoas e lugares que o deixariam mais perto de aproveitar essa chance. Visualize-se percorrendo cada etapa e recebendo a oportunidade.

CAPÍTULO

Torne-se uma Ameaça Tripla

O CONHECIMENTO É O NOVO DINHEIRO.

O sociólogo, ativista e historiador afro-americano W.E.B. Du Bois escreveu um ensaio sobre o qual penso bastante. Chama-se "*The Talented Tenth*" e aparece em um livro de ensaios de escritores negros chamado *The Negro Problem*, publicado em 1903. O "*The Talented Tenth*" refere-se a um homem negro em cada dez que estudou e se tornou um líder em sua comunidade. Ele acreditava que aqueles com mais talento poderiam representar seu povo e fazer o trabalho de elevar o resto da comunidade. Du Bois argumentou que, para os negros americanos atingirem todo o seu potencial e mudarem a trajetória de sua história, era necessária uma educação clássica. Para ele, a educação era a chave, em vez do trabalho físico ou industrial. Em vez de força ou armas, Du Bois acreditava que a educação era o caminho para combater o sistema. Para mim, a noção de educação como base para o progresso não poderia ser mais verdadeira.

Em posse de conhecimento, você possui moeda de troca. Há um caixa eletrônico na sua cabeça. E pode levá-lo a qualquer lugar que você queira ir.

Em Detroit, o coração da indústria norte-americana, cresci acreditando que meu valor estava relacionado à minha capacidade de trabalhar. Achei que precisava trabalhar usando as minhas mãos e o corpo para fazer algo da minha vida. Era assim que todo mundo ganhava seu sustento. Mas o momento em que comecei a experimentar o verdadeiro sucesso foi o momento em que comecei a investir em minha educação intelectual. Quando passei no GED, de repente conquistei a sensação de controle sobre meu futuro. Embora tenha levado doze anos para obter um diploma de quatro anos em Oakwood, assim que terminei, estava em outro nível. Depois da faculdade, continuei impulsionando minha educação para a frente, para a frente e para a frente. Hoje, sou o Dr. Eric Thomas. Com um título como esse, tenho mais oportunidades do que a maioria dos norte-americanos vivos hoje.

No entanto, o conhecimento é apenas o primeiro passo. Du Bois também sabia disso. Você pode tê-lo e não usá-lo para nada. Pode tê-lo e ser mediano. Você pode ter conhecimento, mas, se não se expressar claramente, de que adianta o aprendizado? Você pode ter conhecimento, mas, se não se destaca em seu campo de atuação, por que o buscou? Se você estudar os grandes nomes de qualquer área, notará que todos eles têm conhecimento, todos podem se expressar com uma proficiência profunda e estudada e atuam em seu campo com excelência incomparável.

Martin Luther King Jr. obteve seu doutorado aos 26 anos. Ele não apenas conseguiu expressar suas ideias de uma maneira que levou uma nação a agir, mas também foi tão excelente que o consideramos um dos maiores oradores de elite que já pisou na Terra. Thurgood Marshall foi para a Howard Law e se formou com grande mérito, uma honra reservada aos excelentes, e ele pode se expressar escrevendo opiniões na Suprema Corte que mudaram a história norte-americana. Jackie Robinson foi muito bem em seus estudos na UCLA e era um atleta incrível, mas em uma época em que a cor de sua pele poderia tê-lo impedido, sua excelência o impulsionou a mudar os esportes norte-americanos. Toni Morrison, outra graduada de Howard, expressou suas ideias sobre o que significa ser negro nos Estados Unidos por meio da ficção de forma tão excelente que lhe rendeu não apenas uma Medalha Presidencial da Liberdade, mas também um Pulitzer *e* um Prêmio Nobel. Ela não recebeu educação formal, mas Sojourner Truth obteve conhecimento nas escrituras e nos direitos humanos em uma época em que os negros dos

Estados Unidos eram considerados posses pessoais e se expressou com tanta eficácia que é lembrada hoje como uma das abolicionistas mais excepcionais e importantes do país.

Conhecimento é importante, mas, uma vez que você o tenha, ele deve ser equilibrado e usado com expressividade e excelência. Sou bom no que faço porque consigo me expressar com clareza. Sou excelente porque sabia que tinha que trabalhar mais do que qualquer outra pessoa para chegar à posição de palestrante motivacional número um do mundo. Isso não simplesmente acontece. Dá trabalho. Você precisa se tornar uma ameaça tripla para chegar ao número um. Você precisa estudar. Precisa se expressar. E precisa ser excelente.

Educação é mais do que a Escola, Educação é Conhecimento

Muitas das crianças com quem trabalho são apáticas quando o assunto é a escola. Ao entrar em uma sala de aula sempre faço a mesma pergunta: "Quantos de vocês odeiam a escola?"

Noventa por cento das mãos sobem quase todas as vezes.

Muitos jovens com quem trabalho não veem o valor da educação porque não têm um modelo do que ela pode fazer. Não é óbvio como os conceitos da sala de aula se traduzem na vida real. O aprendizado mecânico parece supérfluo para a sobrevivência. O que importa se a + b = c? Quem se importa com conjugações, gerúndios e modo subjuntivo? Do ponto de vista de uma criança, pode não ser óbvio como esses tipos de conceitos os ajudam a se expressar com clareza ou a atingirem a excelência no mundo. E muitos jovens veem a educação como uma perda de tempo como resultado da falta de percepção da conexão entre esses conceitos abstratos e seu valor.

Mas também, ao crescer, as crianças afro-americanas nem sempre têm a mesma oportunidade de ver gerações de familiares que se formaram no ensino médio ou na faculdade. O mesmo serve para qualquer norte-americano que esteja em desvantagem social ou econômica. A educação não foi priorizada para os mais pobres de nosso povo desde a fundação deste país, e bairros, vilas e cidades de baixa renda sofrem com a falta de investimento e de recursos. Se seus pais, avós e bisavós não terminaram o ensino médio ou nunca foram para a faculdade, pode ser que não tenha um modelo de como o valor da educação se apresenta na fase adulta. Se você não enxerga como o conhecimento abre portas, você nem sequer sabe o que é possível. Minha mãe chama esse tipo de ignorância de escuridão tripla: você não sabe, que não sabe, que não sabe.

Para minha comunidade, a educação é um conceito que muda vidas. Houve um tempo na história norte-americana em que era ilegal para uma pessoa negra ler ou escrever. Você poderia ser preso, torturado, espancado ou linchado por se alfabetizar. Quando Frederick Douglass aprendeu a ler e escrever, teve que fazê-lo secreta e furtivamente. Ele praticava leitura e escrita quando ninguém estava olhando. Ele chamava as crianças brancas para ajudá-lo a aprender. Quando Douglass se apropriou de sua educação, ele comprou sua própria liberdade. Como um homem com conhecimento, ele foi tratado de forma diferente e obteve maior acesso ao sonho americano. Antes de forjar a Ferrovia Subterrânea, Harriet Tubman foi a um pastor que lhe deu o roteiro para a liberdade, e ele insistiu que ela aprendesse a estudar para que não ficasse tão óbvio que ela não era livre. Por muito tempo, mesmo após a emancipação, as crianças negras do Sul não podiam ir à escola se fosse a época da colheita do algodão. A educação para o meu povo começou como uma perspectiva perigosa, e essa sombra, que persiste ainda hoje, gera ceticismo sobre por que a educação vale a pena.

Para minha e muitas famílias norte-americanas, o trabalho braçal sempre foi uma forma de vencer no mundo. Se você cresceu perto de Detroit antes de 2000, sabe do que estou falando. Seu futuro estava em jogo na Ford, GM, Chrysler ou em alguma fábrica de suporte à indústria automobilística. Após a alforria, você, como pessoa negra, sempre poderia encontrar trabalho braçal. Mesmo quando meus ancestrais vieram para o norte na Grande Migração sem qualquer pista do que os esperava, eles sabiam que poderiam encontrar serviço fazendo algum tipo de trabalho em uma fábrica, em um canteiro de obras ou em uma fazenda. Quanto mais você trabalhava, mais valioso se tornava para quem quer que fosse o seu senhor — proprietário de plantação, empreiteiro, uma empresa de automóveis. Historicamente, no meu mundo, maior valor tem sido colocado em trabalhar com o corpo do que com a mente. Se você voltar na linhagem de sua família e não vir um histórico robusto de escolaridade, é provável que seu povo estivesse trabalhando. Mas, como Sojourner Truth disse: "É a mente que faz o corpo."

Humanos perpetuam padrões. Minha mãe mal terminou o ensino médio. Meu pai biológico não terminou a escola. Minha avó estudou até a terceira série. Meus bisavós não tiveram permissão nem para aprender da mesma forma que meus filhos aprendem hoje. Em minha família, as raízes do trabalho são profundas. A educação é uma mercadoria mais recente e confere uma nova sensação de poder para nós.

Pergunto às crianças com quem passo tempo em programas GED, em centros de detenção juvenil ou em comunidades que não têm recursos adequados: "Você quer a vida que seus pais levam? Você quer a vida que seus avós levam?" Peço-lhes que pensem sobre a realidade dessas vidas — como deve ter sido frustrante para seus pais trabalhar em dois empregos para cuidar deles ou como deve ter sido cansativo voltar para casa depois de um trabalho árduo, juntar para o aluguel e ficar sem certos luxos apenas para poder alimentá-los. Quem escolheria passar por dificuldades? Hoje, você vive em um mundo em que tem a chance de escolher a vida que deseja levar. Eu lhes digo: se você quer algo diferente, pense na vida que deseja viver e então vá vivê-la.

Trate sua Educação como Questão de Vida ou Morte

Antes da Michigan State, nunca operei em um mundo de pessoas brancas. E isso me atingiu quando caminhei pela primeira vez pelo campus. Pessoas brancas em todos os lugares. Para tornar o tom de cores ainda mais restrito, de alguma forma todos os jovens negros acabaram no Hubbard Hall, um dormitório no lado leste do campus. A escola dizia que não era de propósito, mas sabíamos o que estava acontecendo. CJ morou lá na graduação e diz que não se importava — eles tinham sua própria cultura, seus próprios clubes, seu próprio ecossistema separado do resto da escola. Naquela época, se você era negro e estava na Michigan State, provavelmente é porque você era um atleta ou possivelmente tinha alguma ação afirmativa trabalhando ao seu lado.

Para mim, estar na MSU foi um choque cultural completo e absoluto. E não só porque todo mundo era branco. O tamanho da faculdade por si só me deixou zonzo. A Oakwood contava com a matrícula de 1.800 alunos. Na Michigan State eram 50 mil. E havia o rigor acadêmico. Não estou dizendo que universidades negras não são academicamente rigorosas. Você olha para um lugar como a Howard University ou as escolas da Urban Prep Academy em Chicago, e percebe que são alguns dos melhores lugares para estudar nos Estados Unidos. Mas uma faculdade pública de Detroit é totalmente diferente de uma em Bloomfield Hills. Uma faculdade pública de Crenshaw está a um mundo de distância de uma em Beverly Hills. Não apenas o padrão de aprendizado está em um plano diferente, mas também o vernáculo. Em Oakwood, meus professores contavam histórias negras usando a linguagem negra, com sugestões e nuances negras. Quando cheguei na Michigan State, eu era um peixe fora d'água. Eu não conseguia entender os pontos de referência, histórias ou dicas sutis da cultura dominante. Por fim, comecei a sair com outros alunos e professores negros que cresceram indo e vindo, trocando códigos, que me ajudaram a traduzir o que eu ouvia — pessoas como o escritor Demetrius Marlowe; Dr. Pero Dagbovie, cujos pais africanos eram educadores; e Dr. Chris Dunbar em meu departamento de mestrado —, mas tive sorte a esse respeito. Nem todo mundo encontra seus tradutores.

Naquela época, eu era um homem adulto e tinha muito tempo para descobrir como o mundo funcionava. Eu sabia como encontrar aliados e treinadores. Eu sabia como pedir ajuda. Agora imagine ter 18 anos, um garoto negro de um mundo negro, aparecendo em um campus predominantemente branco sem a menor ideia de como agir. Quando tudo o que você teve foram mulheres negras e brancas ensinando matemática e história a vida toda, você não sabe como se comunicar com professores universitários que são, em sua maioria, homens brancos. E, além de não falar a mesma língua, talvez você nem sequer saiba como deveria se comunicar com seus professores e ponto final. Se você é como eu — um aluno não tradicional, por assim dizer — você não aprendeu necessariamente como usar a biblioteca, escrever um trabalho de pesquisa ou mesmo analisar um *plano de estudos* para ver o que vem a seguir porque as palavras plano de estudos não estão em seu vocabulário. E esse fenômeno não se limita aos jovens negros. Trata-se de jovens em qualquer tipo de desvantagem. Trata-se daqueles que podem ter dificuldades de aprendizado ou podem ser deficientes físicos. Trata-se daqueles cujos pais não ganham muito ou que crescem com uma mãe solteira ou que lutam contra a ansiedade emocional ou espiritual. Trata-se daqueles que simplesmente caminham pelo mundo de uma maneira diferente.

Quando cheguei à MSU, toda a minha prerrogativa era ajudar esse tipo de jovem a encontrar seu caminho em uma instituição predominantemente branca. Como ratos em um labirinto, eles foram jogados em um ambiente com o qual nunca aprenderam a interagir. Passando pelo choque cultural, pude simpatizar com o que era entrar no campus e sentir o não pertencimento. Olhei para esses jovens e vi o Eric Thomas de vinte anos antes. Um pouco apático, muito ignorante, totalmente sem ideia de como estudar, o que era fazer anotações, pedir ajuda. Eu me vi em Oakwood, tentando fazer fluir como antes — com minha esperteza e habilidade social. Eu vi o E.T. que foi expulso, que ouviu que não tinha sido feito para a faculdade, que tinha uma esposa e um filho bebê o olhando como um fracassado. Eu sabia que, se essas crianças não conseguissem encontrar o caminho, elas estariam perdidas.

Quando olhei para esses jovens e me vi, senti medo. Senti uma urgência crescer dentro de mim. Senti algo me agarrar e me dizer que precisava fazer com que esses jovens despertassem. Eu precisava fazê-los sentir sua própria existência, fazê-los ver que tipo de oportunidade estava diante deles, e que este, *este* é o momento de aproveitá-la. Tive de convencê-los de que a educação era a chave para destrancar as portas pelo resto de suas vidas. Para mim, fazê-los aproveitar sua educação parecia questão de vida ou morte.

Em meu primeiro ano como consultor acadêmico na Michigan State, eu era inexperiente. Era idealista. Eu estava trabalhando com esses jovens, tentando ajudá-los a passar pelas dificuldades da vida universitária, e queria muito que eles chegassem ao próximo nível. Eu queria que se destacassem sem ter que passar pela década de dificuldades pela qual eu passei, abandonando o ensino médio e depois a faculdade antes de descobrir como me orientar em minha educação. Eu sabia que tinha que mudar o sistema educacional se quisesse que algo acontecesse.

Então, comecei a pesquisar as taxas de graduação entre os alunos negros da MSU e o que descobri me chocou. A taxa anual de formação para homens negros anualmente era de 31,6%. Isso se traduz em cerca de três em cada dez homens negros que se matriculam na MSU saindo com diplomas. Entre as mulheres negras, a taxa era de 50%. E essas estimativas se referem a um curso com duração de seis anos, em vez do padrão de quatro. Muitos desses jovens estavam desistindo após o primeiro ano. A outra coisa chocante que descobri foi esta: a faculdade conseguia prever exatamente quem a abandonaria e quando.

É assim que funciona: quando você é um garoto negro do sistema estudantil público de Detroit, Flint ou Pontiac e vem para a Michigan State, a universidade pode projetar quais serão suas notas. É chamado de "média prevista". Eles calculam com base em toda uma série de fatores. Um fator é sua média do ensino médio. Mas outro fator é se você é de, digamos, uma comunidade urbana pobre ou uma comunidade suburbana rica. Portanto, se você tira nota máxima na Henry Ford em Detroit, é como tirar uma nota mediana em Okemos perto de East Lansing. As médias previstas também são baseadas em se seus pais foram ou não para a faculdade, quanto dinheiro eles ganham anualmente e, é claro, em suas pontuações padronizadas nos testes. A universidade sabe de tudo isso antes mesmo de você pisar no campus.

Então, digamos que, depois de avaliar todos os aspectos do seu perfil de aluno, a universidade preveja que sua média será 1,5 ou 1,2 no final do primeiro ano. Isso significa que você será expulso da faculdade. Sua trajetória universitária acabou. Você está voltando para Detroit, Flint ou Pontiac e pode ir para uma faculdade comunitária ou pode conseguir um emprego no McDonald's, pode se encontrar com seus velhos amigos e se meter em encrenca. Talvez você consiga algum sucesso em sua comunidade, mas sempre se perguntará o que poderia ter sido. Você terá provado como era estar em uma das melhores faculdades do país — toda aquela energia, todas aquelas oportunidades — e então entenderá como é ficar sem isso. E o mais louco é que a universidade poderia ter previsto isso — é um destino ordenado a partir do segundo em que você recebe sua carta de admissão —, mas o sistema está configurado para que você lute e fracasse.

Como um jovem conselheiro universitário idealista, vendo essas crianças sendo prejudicadas pelo sistema, simplesmente não fazia sentido para mim que uma faculdade não estendesse a mão para ajudar um aluno cuja média prevista mostra que estão fadados ao fracasso. Por que a universidade admitiria um aluno, o enviaria para as aulas, o abrigaria, o alimentaria, lhe daria a oportunidade e, sabendo exatamente em que direção ele estava indo, se recusaria a fornecer-lhe as ferramentas para o sucesso? Eu simplesmente era incapaz de entender.

Reunindo todo esse conhecimento, vi uma maneira de mudar o sistema *e* gerar benefícios financeiros para a universidade. Claro, o dinheiro não é a questão — não para mim, pelo menos —, mas eu sabia que um incentivo monetário angariaria o apoio da universidade do ponto de vista financeiro.

Agora observe: quando descobri que as médias previsíveis apontavam quais alunos seriam expulsos da faculdade, também calculei que a instituição estava jogando fora US$50 mil a cada aluno previsto para reprovar a cada ano entre moradia, pagamento de professores e todas as coisas necessárias para sustentar um estudante durante um ano letivo, é isso que custa à universidade. No entanto, é um número fácil de ignorar, já que a maioria dos recursos está focada em 93% da população estudantil. Na época, menos de 7% dos alunos eram pessoas não brancas e menos de 4% deles eram negros. Imaginei que, se pudesse ajudar sete jovens por ano, poderia mudar a taxa de formatura em 1%.

Se estou ajudando sete jovens por ano, estou economizando US$350 mil para a universidade. Se pudesse ajudar 49 deles, poderia mudar a taxa de formatura em 7%. É uma economia de US$2,45 milhões ao ano. Agora pense nisso ao longo de cinco anos, dez anos. Isso foi evidência o suficiente para convencer a Michigan State de que meu programa de aconselhamento não apenas manteria essas crianças na universidade e criaria alunos bem-sucedidos e futuros embaixadores da MSU, mas também economizaria uma quantia enorme de dinheiro para a instituição nesse meio-tempo. Parece uma solução óbvia, mas nem sempre o sistema enxerga o óbvio, principalmente quando suas bases são construídas sobre um sistema de desigualdade.

Apaixone-se pelo Aprendizado

No meu primeiro ano de faculdade, alguém sugeriu que eu lesse o livro *Gifted Hands* de Ben Carson. Carson é de Detroit, passou grande parte de sua infância sem muito contato com seu pai biológico e teve dificuldades na escola. Ele escreveu sobre as ruas que conheci em Detroit. Ele escreveu sobre crescer como adventista do sétimo dia. Ele escreveu sobre como era difícil recuperar o atraso na escola, sobre como ele era impulsivo e tinha problemas com raiva e escuridão. Senti que podia me enxergar naquelas páginas. Na época, geograficamente, eu estava na faculdade, mas não estava necessariamente engajado intelectualmente. Quando me vi refletido no livro de Carson e li sobre seu caminho para se tornar um dos melhores neurocirurgiões do país, algo mexeu comigo. Isso me mostrou que a educação não era apenas para estudiosos ou ricos. Isso me mostrou que a educação era um meio para a liberdade e para mudar suas circunstâncias. Embora eu possa não concordar com suas ideologias políticas hoje, posso dizer que o livro de Carson me ajudou a me apaixonar pelo aprendizado.

Depois disso, li todos os livros de autoajuda e desenvolvimento pessoal que consegui. *O Maior Vendedor do Mundo* de Og Mandino, *O Homem Mais Rico da Babilônia* de George S. Clason, *O Caminho Menos Percorrido* de M. Scott Peck. Eu li Dennis Kimbro, Zig Ziglar, Les Brown. Eu frequentava a Barnes & Noble regularmente, indo à biblioteca, lendo um livro por semana. Comecei a procurar palavras no dicionário, usar um dicionário de sinônimos, estudar o idioma. Só assim eu me envolvi com um novo mundo de conhecimento.

Quando me apaixonei pelo aprendizado, comecei a abraçar a educação. Quando comecei a buscar conhecimento além do que a instituição exigia de mim, me apaixonei. Eu me apaixonei por aprender e me apaixonei por mim mesmo. Aprender não tem a ver com alguma ideologia ou conceito alojado em livros em uma estante. A aprendizagem é uma ferramenta para a descoberta sobre o mundo. Aprender é uma ferramenta para a descoberta de si mesmo. É uma ferramenta para desmistificar o funcionamento do mundo ao seu redor.

Quando você abraça sua educação, começa a fazer conexões com o resto de sua vida. Quando descobri qual era o meu dom e percebi se tratar de algo cuja prática era necessária para o domínio, estudei e pratiquei da mesma forma que um jogador de basquete assistiria a uma gravação. Estudei as pessoas que forjaram esse campo de atuação. Estudei as pessoas que mudaram o campo. Estudei como as pessoas reagiam aos grandes nomes e que influência eles exerciam sobre o público. A partir daí, entrei no lado psicológico da fala — como diferentes tons e linguagem corporal afetam o público. Estudei como o cérebro processa a comunicação, como quebrar conceitos para adolescentes em contraste com os adultos, quais métodos de ensino são melhores para quais tipos de alunos. Para entender melhor meu dom, comecei a ter aulas de sociologia e sistemas educacionais. Eu sabia que tinha um dom, mas, para levá-lo ao próximo nível, precisava entender a teoria por trás dele. A teoria começou a me ajudar a fazer conexões entre meu próprio estilo de falar e como eu poderia ser mais eficaz na comunicação com todos os diferentes tipos de pessoas. Aprender a teoria e os sistemas por trás do seu dom é o equivalente a malhar para ganhar músculo. Isso refina, aguça as coisas, faz sua mente funcionar de maneira mais sinérgica.

Quando você abraça a educação, começa a enxergar oportunidades que aparentemente não existiam antes. Como agora você tem conhecimento prático do que está disponível no mundo para você, pode ver empregos, pessoas e lugares que talvez nunca teria percebido que existiam. Quando abandonei o ensino médio, sabia das oportunidades à minha frente: um emprego no McDonald's, o sofá de um amigo para dormir, talvez um emprego na Ford ou na GM se eu conseguisse me recompor. Como não estava tentando ganhar conhecimento, não fazia ideia de que existia um lugar como Oakwood. Eu mal conhecia a história do meu povo, muito menos já tinha ouvido falar da HBCU. As oportunidades não estavam disponíveis para mim porque eu não estava buscando conhecimento sobre elas ativamente. Eu não sabia que não sabia, que não sabia.

Apaixone-se pelo processo e os resultados virão.

Quando cheguei à Oakwood e comecei a ter aulas, o mundo se abriu para mim de uma forma que nunca imaginei ser possível. Por fim, quando coloquei minha educação nos trilhos, percebi que o mundo continuaria se desenrolando e revelando oportunidades para mim se eu continuasse com fome de aprender. Vi que as oportunidades se tornariam maiores e mais profundas com meu próprio investimento pessoal. Se eu tivesse um diploma de bacharel, sabia que poderia fazer um mestrado. Eu sabia que, se fizesse um mestrado, poderia conseguir um cargo permanente de professor em uma universidade. Eu sabia que, se obtivesse um doutorado, poderia sentar à mesa e ajudar a mudar todo o sistema universitário.

Talvez você tenha o dom de desmontar eletrônicos e montá-los novamente. Se você se limitar a mexer na casa, desmontar torradeiras e computadores e montá-los novamente, nunca saberá como esse interesse e habilidade podem se transformar em um propósito. Mas, se você se sentir curioso e assistir a uma aula de mecânica, ou ler um livro sobre um engenheiro famoso, ou assistir a um documentário sobre como os computadores mudaram a trajetória da história global, você terá uma noção de quais oportunidades estão disponíveis para você e seu dom.

Aprender, para mim, foi um ato de amor-próprio. Foi uma forma de descobrir como ser mais eu mesmo. Foi o que me preparou para me sentir confortável dentro e fora da minha comunidade. Me deu o controle de que precisava para me mover pelo mundo com confiança. Continua a ser um investimento em mim, no meu futuro e no meu legado. Sim, tenho doutorado, mas continuo fazendo aulas de espanhol todos os dias e sempre tem uma pilha de livros que estou lendo. Eu estudo meu ofício todos os dias em busca de ser o melhor do mundo. Aprender não é apenas uma maneira de melhorar a si mesmo, mas permite que você aprimore seus dons e seu propósito e melhore o mundo ao seu redor — seus filhos, seu legado, seu campo de trabalho.

Levei quase quarenta anos para obter minha educação completa (agora você pode ver por que ter um porquê como combustível é tão importante). Em qualquer ponto ao longo do caminho, eu poderia facilmente ter deixado a mentalidade de vítima me segurar e me manter em um lugar de paralisia ou rejeitado a dificuldade de continuar no caminho do propósito. Mas, cada vez que as coisas ficavam difíceis, eu assumia meu porquê — minha família, meu povo, meu ministério — e o usava como combustível para continuar.

Sua Mente é a Ferramenta; a Educação é a Pedra de Amolar

Não importa quem você é, educação e conhecimento são necessários para chegar ao próximo nível de qualquer que seja o seu dom. Reunir esse conhecimento é um passo importante para caminhar em seu propósito. Mesmo se for um gênio nato, você precisa de educação para ser moldado e aprimorar suas habilidades para o status de super-herói. Considere sua mente a ferramenta e a educação a pedra de amolar.

Quando trabalho com atletas que têm todo o talento do mundo, a educação pode parecer supérflua para uma carreira atlética profissional. Mas, se você quer estar na NBA, a menos que vá para o exterior ou esteja na G League, o caminho mais fácil ainda é passar pelo sistema universitário por, pelo menos, um ano. E, para entrar na faculdade, você precisa fazer o SAT ou o ACT e ter notas decentes no ensino médio. E a faculdade frequentada importa. Se quer ser observado, você tem que ir para as Universidades D1 — os Dukes, os Baylors, os Kentuckys, os

USCs — e para entrar você tem que ser excelente para além de apenas suas estatísticas. A educação é a primeira chave para a sua excelência.

Uma vez que alcançam aos profissionais, os atletas não precisam necessariamente se concentrar na educação para dar o próximo passo, mas, a longo prazo, o avanço de seu conhecimento em qualquer aspecto afeta todas as outras partes de sua vida. Sim, como um atleta fera, você pode chegar ao próximo nível de sua carreira simplesmente sendo rápido e forte, mas o que refina a habilidade física é a nitidez mental. O que lhe dá melhores endossos, contracheques mais substanciais, uma plataforma para compartilhar sua mensagem é a capacidade de se expressar. E expressar-se requer aprendizado — e aprender sobre si mesmo. A ESPN não o colocará diante da câmera se você for incapaz de articular o que acabou de vivenciar no jogo. Repórteres e redatores não lhe darão atenção se você não puder dar a eles uma citação inteligente sobre como você joga ou se prepara.

Mas o que acontece quando as câmeras são desligadas? O que acontece depois que você chega à NFL e sua carreira termina aos 25 anos? O que você vai fazer da vida? Se você não estudou, se não dedicou tempo aprendendo algo além do esporte, vai ficar para trás. Você vai falar como um jovem de 18 anos a vida toda porque não expandiu sua mente. Você terá as oportunidades de um jovem de 18 anos porque não trabalhou em sua perspicácia nos negócios ou pensou em como investir em seu próprio cérebro além de seu corpo. O que marcar touchdowns tem a ver com o equilíbrio da sua vida?

À medida que o corpo de um atleta muda e envelhece, as habilidades mentais e intelectuais se tornam ainda mais importantes para o desempenho geral. Quando comecei a trabalhar com o quarterback Cam Newton, ele havia acabado de ser negociado para o New England Patriots. Cam é um daqueles caras que sempre teve muita energia e paixão.

Ele sempre foi um espécime físico — sua altura, sua estrutura, o menino é uma fera. Durante toda a sua vida, ele foi superior ao atleta mediano. Como zagueiro, ele sempre poderia correr, lançar e receber rebatidas melhor do que a maioria em seu ramo. Mas, conforme ele envelheceu, seu corpo mudou. Quando trabalho com atletas que estão enfrentando a deterioração de suas habilidades físicas, exorto-os a fazer a transição de sua excelência para suas habilidades mentais e intelectuais. Para Cam, pedi que ele se concentrasse em ser mais intelectual.

Talvez ele fique mais pensativo quanto a correr com a bola em vez de passar ou entregar. O brilhantismo de Cam está em sua intuição, então trabalho com ele para superar o impulso da intuição e se tornar mais metódico e estratégico. Em termos de tipos de personalidade, trabalho para que ele se aproxime do seu Controlador de Tráfego Aéreo — a parte cautelosa, estratégica e organizada de sua personalidade — e para colocar seu Comissário de Bordo em xeque — o lado mais interativo e impulsivo dele mesmo. Aprender constantemente é a chave para entender sua agilidade mental e ser capaz de fazer a transição e se adaptar quando as condições mudam.

Em algum momento, não importa em que liga esteja, você terá que olhar para o que vem depois de sua primeira profissão. Olhe para alguém como Kareem Abdul-Jabbar. O maior artilheiro de todos os tempos da NBA, dezenove vezes All-Star, seis vezes MVP e um dos cinquenta maiores jogadores de basquete de todos os tempos. Depois de deixar a liga, Kareem treinou, fez filmes, tornou-se um escritor aclamado pela crítica e um palestrante. Ele foi premiado com a Medalha Presidencial da Liberdade. O homem teve uma carreira prolífica totalmente separada de sua excelência como atleta. Depois de uma carreira extraordinariamente longa (20 anos como profissional, aposentado aos 42), ele passou a se destacar como intelectual e criativo.

Grant Hill, um dos melhores da NBA, tornou-se apresentador de televisão na CBS e proprietário do Atlanta Hawks. Ele é colecionador de arte, filantropo e é superativo politicamente. Shaquille O'Neal é analista esportivo, investidor, personalidade da televisão e já teve dezenas de grandes patrocinadores. LeBron James é ativista, filantropo, ator, dono de sua própria empresa de mídia e tem mais patrocínios do que qualquer outra pessoa no esporte profissional — e nem sequer se aposentou. São pessoas que estão constantemente se educando, que estão olhando além de sua identidade como atletas, que estão criando modos de expressão, renda e influência, enquanto atuam em seu mais alto nível.

O Conhecimento lhe Dá Controle Sobre sua Vida

Conhecimento é o novo dinheiro. Pegue um pouco. Você nasceu com um dom, o que significa que nasceu com um caixa eletrônico na cabeça. Todos os caminhos para o sucesso passam pelo conhecimento. Você não precisa de um mestrado ou doutorado, mas precisa de conhecimento. O conhecimento é o que lhe dá controle sobre sua vida.

Embora o conhecimento seja a chave, nem sempre precisa ser o aprendizado escolar formal. Não precisa se traduzir em perseguir diplomas. A educação pode significar educar-se sobre as regras do jogo para que você possa jogar com sucesso. Se você conseguir sobreviver no jogo, poderá se esforçar e, se puder se esforçar, poderá prosperar. O único jeito de obter e manter o controle é saber como o mundo ao seu redor funciona. A única maneira de combater o sistema, ir além dele ou mudá-lo é o estudando.

Veja Muhammad Ali. Ele ainda é chamado de "O Maior". Sua mãe era empregada doméstica e seu pai, pintor de letreiros. Ali era disléxico e não tinha um grande domínio da leitura e escrita. Ele fez o ensino médio, mas não fez faculdade. Ele precisava de um diploma para se tornar O Maior? Ele foi de Cassius Clay a Muhammad Ali para se tornar O Maior porque assumiu o controle da situação. Ele estudou o Islã com pessoas como Elijah Muhammad e Malcolm X para conhecer sua espiritualidade. Ele aprendeu sobre a trajetória da cultura norte-americana, como o capitalismo escravizou seu povo e como o cristianismo, como religião eurocêntrica, alimentou a mentalidade dos colonizadores. Ele estudou sobre como o sistema funcionava e o contornou. Quando foi convocado para o serviço militar, entendeu que, caso se posicionasse contra o sistema com o conhecimento que tinha, poderia vencê-lo. E assim o fez.

Conhecimento é o novo dinheiro, pegue um pouco.

Se você ainda não pode ir à universidade ou dar o próximo passo em sua educação, ainda há muitas outras ferramentas à sua disposição. Você pode ir à biblioteca. E, caso não seja bom com a leitura, pode ouvir audiolivros. Se você tem um celular em mãos, tem, literalmente, todo o conhecimento do mundo ao seu alcance. Caso tenha interesse em algo, comece a pesquisar. Encontre pessoas com conhecimento sobre o assunto. Ligue ou escreva para eles e veja se falam com você. Entre em fóruns online e veja se as pessoas estão falando sobre o assunto sobre o qual você quer saber mais. Pergunte. Seja curioso. Você não obtém conhecimento algum sem a atitude de quem quer saber mais. Nunca foi tão fácil acessar conhecimento como neste momento da história.

Expressar-se lhe Dá o Controle Sobre como Você Opera no Mundo

Não importa o seu nível de escolaridade, expressar-se é necessário para subir de nível.

Quando jovem, eu tinha o que chamam de "dom da palavra" desde o momento em pude abrir a boca. Eu gostava de estar perto das pessoas e de falar sobre qualquer assunto. Fui convidado para começar a palestrar na Detroit Center e descobri que era realmente um dom, não apenas um impulso. E comecei a entender que estruturar esse dom era necessário para aproveitar seu poder. Ninguém te fala sobre isso quando criança, mas a estrutura é divina. Limites são algo lindo. Todo mundo precisa de estrutura e limites para se expressar.

Expressão é educação e conhecimento dentro dos limites da estrutura. Assim que percebi que poderia expressar meu dom dentro dos parâmetros de um sermão na Detroit Center ou em uma mensagem na Bell Tower, descobri que poderia aplicar o que estava aprendendo ao mesmo tempo.

Educação e expressão estão profundamente interligadas. É imperativo aprender sobre o seu dom para que você possa se expressar. No meu trabalho, a expressão é o ponto principal. Tudo depende de quão claramente posso me expressar e quão profundamente posso me conectar com as pessoas por meio dessa expressão. Sempre tive jeito para falar, então, quando comecei a falar na igreja e na Bell Tower, falei o que vinha do fundo. Tive uma intuição do que precisava falar imitando os grandes nomes antes de mim: Martin Luther King Jr., Jessie Jackson,

Maya Angelou, Marcus Garvey. Com o dom bruto da minha voz, chamei a atenção, mas não era necessariamente perspicaz.

Eu nunca tinha levado as palavras a sério e, para uma pessoa cuja carreira depende de encadear palavras para causar impacto ao público, eu precisava urgentemente de algum aprendizado. Eu ouvia alguém usar uma palavra em uma frase e deduzia o significado pelo contexto, mas não conseguia aplicá-la em outras sentenças. Quando finalmente me dediquei a aprender vocabulário e definições, percebi que tinha um novo controle sobre as palavras e poderia aplicá-las sempre que fosse apropriado. Minha dislexia aumentou o problema. Fui desafiado foneticamente, então tive dificuldade com palavras que pareciam diferentes de como soavam — como *chaos* (caos), *cough* (tosse) ou *knot* (nó) —, com homônimos — palavras que têm a mesma pronúncia, mas significados diferentes, como *bear* (urso) e *bare* (nu) e *here* (aqui) e *hear* (ouvir). Tive dificuldade com coisas como a diferença entre *to* (para), *too* (também) e *two* (dois). Mas, assim que aprendia uma pronúncia ou a regra por trás do uso de uma palavra, me sentia confiante em usar esses curingas. Senti que tinha poder quando comecei a escrever um trabalho de pesquisa e poderia mover as palavras da maneira que quisesse. Quanto mais praticava, mais me sentia no controle da maneira como me relacionava com o mundo ao meu redor.

Código Linguístico é uma Parte Natural da Expressão

Descobri que os oradores mais eficazes de nossa comunidade são aqueles que conseguem se expressar para um público amplo. São eles que podem ganhar a atenção e a imaginação de pessoas de todas as idades, raças, gêneros e políticas. São eles que têm reunido público além do quarteirão, além do bairro, além da cidade. São eles que moveram nações.

E, embora se sintam à vontade para alternar seu código linguístico, dependendo do público, também nunca se esqueceram de onde vieram. Frederick Douglass. Barack Obama. Nelson Mandela. Jesse Jackson. Oprah Winfrey. MLK Jr.

Houve um tempo em que eu só podia falar com a comunidade afro-americana porque só conhecia o idioma e as regras dessa comunidade. Mas agora posso alcançar a todos. Porque também comecei a aprender a língua e as regras do mundo.

Se você não olhar para fora do seu mundo, só conseguirá se expressar dentro da realidade em que você já vive. Sei que o código com meu povo é profundo. E, às vezes, se você o quebrar, pagará o preço. Penso muito sobre Yummy Sandifer. Nunca me esquecerei de ver o rosto daquele garotinho na capa da revista *Time* em 1994. Eu estava no Boys & Girls Club em Atlanta fazendo um trabalho voluntário e, quando peguei a revista, sabia exatamente quem ele era. Cresci com crianças como ele. Ele tinha aquelas tranças grossas na nuca, olhando para a câmera como se fosse durão. Ele tinha apenas 8 anos quando começou a roubar coisas e se juntou a uma gangue em seu bairro de Chicago. Ele tinha 11 anos quando recebeu ordens para matar algumas pessoas. E quando a gangue pensou que ele havia se voltado contra eles — que havia delatado e quebrado o código —, eles o executaram. Onde quer que eu vá, trabalho com crianças como Yummy. Crianças que são de um determinado bairro ou quarteirão. Crianças que estão perpetuando um padrão de comportamento porque não conhecem nada melhor. Vejo crianças de todos os lugares que crescem pensando que seu mundo é o único que existe e que não há nada melhor ou diferente do outro lado. Elas conhecem o código e a linguagem daquele lugar, e é tudo o que elas têm.

Isso é pesado, mas é algo que penso. Penso em como anulamos os nossos por causa de um determinado código. Penso em como garotinhos como Yummy crescem em um sistema do qual nem sabem que fazem parte. Penso em como, às vezes, o código pode atrasar você, mantê-lo no mesmo lugar ou até mesmo matá-lo. Lembro-me de sentir vergonha de contar aos meus amigos em Detroit que estava estudando para conseguir um GED. Lembro-me de sentir que às vezes tinha que manter em segredo o fato de que estava indo para Oakwood. Lembro-me de sentir que estava traindo o lugar de onde vim quando comecei a aprender coisas novas. Conhecer um código pode abrir certos aspectos da vida, mas o mesmo código não funciona para todas as fechaduras.

Aprendi muitas novas formas de me expressar quando cheguei à Oakwood — academicamente, culturalmente, por meio de minha fé. Na Michigan State, aprendi novos níveis de expressão por estar em um ambiente predominantemente branco. Em ambos os casos, vi que tinha a opção de manter meu próprio modo de expressão ou subir de nível para poder me comunicar com as pessoas ao meu redor. Se você não fala espanhol, não pode ir à Espanha ou à América Latina e entender as nuances de uma cultura. Se você não conhece a linguagem dos acadêmicos, não pode ir para uma universidade e obter todos os benefícios de estar lá. Comecei a estudar como os professores falavam e como transmitiam sua mensagem. Dediquei-me às minhas palestras com o objetivo específico de absorver a cadência, o tom e a estrutura da frase. Logo eu poderia escrever artigos e me articular para uma sala de aula cheia de alunos usando a linguagem da academia. Eu poderia interagir com um novo mundo de uma nova maneira e ver como me encaixaria nele de formas que nunca imaginei serem possíveis.

Embora tenha aprendido idiomas adicionais, nunca esqueci minha língua nativa. Ela está misturada com as palavras e estruturas que aprendi no mundo. Todos elas se juntaram de uma forma que só meu cérebro poderia reformular e mudaram a maneira como vejo o mundo. Gosto de pensar que mudou a maneira como o mundo me vê também.

É assim que crescemos e avançamos como humanos. Aprendemos novas palavras. Aprofundamos nossa compreensão da maneira como nos relacionamos com o mundo ao nosso redor. Na adolescência, não falamos da mesma forma que falávamos quando éramos crianças. Quando adultos, não falamos da mesma forma que falávamos quando éramos adolescentes. Ganhamos um novo vocabulário. Nossas frases se tornam mais complexas. Podemos expressar nuances e inferir significados. Podemos criar alusões e metáforas e inventar palavras próprias. Podemos abstrair, esclarecer e compor de infinitas maneiras. A mudança e manipulação da linguagem é a própria premissa da poesia e do hip-hop. Como pessoas do mundo, como pessoas dedicadas ao aprendizado, adquirimos novos conhecimentos e, ao fazê-lo, aprofundamos e estratificamos nossos modos de expressão.

W.E.B. Du Bois escreveu sobre a consciência dupla. É a ideia de que sempre nos veremos pelas lentes de nossos opressores. Hoje, a teoria pode ser aplicada a qualquer pessoa que vive em uma sociedade que experimenta a desigualdade social e os efeitos nocivos das estruturas de poder dominantes. As pessoas argumentaram com Du Bois que ele atuou ao lado do sistema dominante ao acreditar que, para ser excelente, era preciso obter uma educação clássica. Mas o que Du Bois sabia era que, para subverter e mudar o sistema, era preciso conhecer sua linguagem. Você não pode hackear um computador se não souber ler e escrever seu código.

Martin Luther King Jr. tinha um PhD. Meu companheiro sabia o inglês da rainha. Mas ele nunca perdeu sua identidade. Ele caminhava entre seu povo. Mas ele sabia que precisaria trocar de código para conseguir se comunicar com a cultura branca em nome de seu povo. Quanto maior o domínio que MLK tinha sobre a linguagem, maior o domínio que ele tinha sobre sua influência no mundo. E ele usou sua influência para criar mudanças para seu povo.

Às vezes, as pessoas da comunidade negra me dizem: "Ei, E. Por que você está falando como um branco? Você está se vendendo." Mas a troca de código faz parte do meu trabalho e faço o que faço pela minha gente. Um dos meus porquês mais profundos é criar mudanças e criar mais e melhores oportunidades para minha gente. Como W.E.B. Du Bois acreditava, quero ser um representante da minha comunidade para levar adiante nossa cultura e status. Tenho certeza de que grande parte do meu sucesso tem a ver com permanecer fiel às minhas raízes. Quebrei tetos de vidro em meus negócios e criei públicos para um campo que tradicionalmente gira em torno de homens brancos que aspiram à riqueza e ao poder. Junto a isso, atrai pessoas de todas as esferas da vida. Ao falar com minha comunidade, minhas mensagens ressoaram para todos os tipos de oprimidos, estrangeiros e pessoas que foram levadas a sentir que o sistema não foi construído para eles. Ao me expressar da maneira que só eu, E.T., posso me expressar, transcendi limites que meus ancestrais não poderiam ter imaginado transcender.

Se você puder se expressar e o fizer com excelência, o mundo ouvirá. Se você for fiel a si mesmo e honrar o lugar de onde veio, o mundo ouvirá. Eu sou quem eu sou por conta de onde venho. Sou quem sou pelas experiências pelas quais passei. Está tudo entrelaçado na linguagem que uso e na maneira como me movo no meio da multidão. Se você me ouvir falar em um vestiário, em um lar adotivo, em um escritório corporativo ou em um evento em Londres, você sabe de onde eu sou. Você pode ouvir o que eu vi. Quando você me vê abrir minha boca, não importa quem você é ou onde você está no mundo, você pode me entender, se conectar a mim e sentir algo se mover profundamente dentro de você. E esse é o poder da expressão.

Mesmo que você pense que não, a troca de código é algo que todos fazem todos os dias. Nós nos comunicamos de maneira diferente com cada pessoa que conhecemos. Os códigos que usamos podem parecer semelhantes, mas, quando modulados de uma certa maneira, sua expressão final é totalmente diferente. Quando sua mãe liga, você fala com ela de maneira diferente do que fala com seu melhor amigo. Quando você fala com seu marido ou esposa, usa palavras e tons diferentes dos que usa com seus colegas de trabalho. Quando você interage com seus filhos, usa um tom e um vocabulário diferentes do que com os professores.

A troca de código é natural e necessária. Em posse de alguma autoconsciência, você se adapta ao seu ambiente, incluindo as pessoas nele. Você age de maneira diferente em um museu e em um jogo da NFL. Eu costumava me aclimatar intuitivamente, sem pensar muito. Mas, agora que conheço línguas diferentes, penso analiticamente sobre quando implantá-las.

Quando comecei a fazer trabalho corporativo na Quicken Loans, tive que aprender a falar a língua deles. A primeira coisa que meu amigo Tony Nuckolls fez foi me colocar em salas de reuniões corporativas para que eu pudesse sentir a diferença entre a fala inspiradora e a linguagem do treinamento corporativo. Eu o observei fazer suas coisas — conduzir reuniões, dar instruções, delegar tarefas — e apenas absorvi como o ambiente funcionava. Anotei o jargão da indústria e como as pessoas respondiam a certas mensagens. A próxima coisa que ele me ensinou foi analisar os valores de uma empresa. Para falar com os executivos corporativos, você precisa ter um entendimento completo da declaração de missão da corporação, sua cultura e filosofia. Você tem que ser capaz de digerir tudo isso e infundir em sua própria apresentação. Tony também me ensinou a ser breve. Se me deixar, falarei por dez minutos sobre um único assunto. Mas Tony poderia dizer a mesma coisa em um minuto sem perder o significado. Na verdade, seu discurso de um minuto seria duas vezes mais impactante. Ele me colocou no caminho certo com o que as pessoas da indústria estavam lendo e como eu poderia incorporar isso em meu próprio trabalho e mensagens. E então ele me deu uma visão sobre quais tipos de programas eram valorizados financeiramente. Se você puder construir uma programação de acompanhamento e análise em seu trabalho além do evento principal de palestra, o valor de sua presença aumentará. Ao conviver com Tony, ganhei uma linguagem totalmente nova e uma perspectiva sobre um mundo que eu sabia que existia, mas não havia adentrado.

O que aprendi com meu amigo Tony é que a calibração da linguagem para determinado público pode abrir novas portas e manifestar novas oportunidades de maneiras que nunca imaginei. Quando comecei a infundir certas mensagens, especialmente TGIM, com a linguagem do mundo corporativo, comecei a receber ligações de muitos lugares. As corporações começaram a me levar de primeira classe para conferências, me hospedando em belas suítes de hotel, levando minha família para ficar comigo e pagando minha conta enquanto eu estava no expediente. Meus vídeos se tornaram essenciais para as forças de vendas corporativas em todo o país. Os caras vêm até mim o tempo todo e me dizem que usam meu trabalho para incentivá-los antes de irem às ruas, fazerem ligações ou reuniões. Com um pouco de ajuste e aperfeiçoamento, a expressão se torna uma ferramenta incrivelmente poderosa que pode atingir públicos que você nunca imaginou que poderia alcançar.

Aprenda sua Própria Linguagem

Que tipo de expressão você precisa para levá-lo ao próximo nível? Primeiro, você precisa pesquisar os mundos em que está tentando viver e avaliar a linguagem usada. Se você é professor, há a linguagem da pedagogia. Se você é advogado, você fala a língua da lei. Se você é médico, existe a linguagem da medicina. Cada área tem sua própria linguagem especializada e, à medida que você começa a internalizar essa linguagem, também começa a internalizar a cultura e os valores daquele mundo.

No processo de aprendizado de novas linguagens, é importante lembrar que você precisa permanecer fiel à sua própria. Quando adotamos novos padrões de fala e novas ideias sobre o mundo, às vezes deixamos que essas coisas substituam nossos modos originais de expressão. Mas os maiores entre nós — as pessoas de quem nos lembramos por sua maneira singular de se expressar — são aqueles que pegaram o que aprenderam, fundiram-no com sua própria linguagem e soaram como nenhum outro no mundo.

Muhammad Ali, apesar de sua dificuldade de aprendizado, encontrou uma nova maneira de se expressar por meio de uma linguagem que emocionou multidões e deixou sua marca na história: flutuar como uma borboleta, picar como uma abelha. Huey Newton, apesar de não saber ler, aprendeu Platão sozinho e acabou obtendo um PhD em filosofia. Por causa de sua formação única e sua maneira de misturar a linguagem, seus discursos soavam como ninguém neste mundo. Kanye West pode ter abandonado a faculdade, mas sua mãe era a chefe do departamento de inglês da Chicago State University. Aquele menino vivia numa espécie de escola, absorvendo ritmos e linguagem e reformulando-os em sua arte nos últimos vinte anos. 2Pac pode não ter terminado o ensino médio ou feito faculdade, mas ele pegou as experiências de sua mãe com os Panteras Negras e combinou esse conhecimento com o lugar de onde veio, além de ter um domínio da linguagem que o tornava uma raridade mesmo entre os artistas.

No meu caso, sempre senti que minha linguagem foi influenciada pelos sons de Detroit. Eu cresci cercado pela Motown e pelo gospel. Foram Michael Jackson, Marvin Gaye e James Brown. Aretha e Mahalia Jackson. Mais tarde, foi todo o hip-hop que saiu dos anos 1980 e 1990. E, à medida que a música deles progredia, eu fazia o mesmo. Eu ouvia as formas como eles teciam questões políticas e sociais em suas letras, como iam de um estilo para outro à medida que envelheciam. Absorvi todos os ritmos e cadências, e hoje, às vezes, minhas falas saem parecendo música.

Depois de encontrar seu método de expressão, estude-o, pratique-o, refine-o. Mantenha o que lhe serve e livre-se do que é supérfluo. Trabalhe suas fraquezas. Mude seu ambiente. Coloque-se na frente de novos públicos. Avalie-se consistentemente. Pergunte a si mesmo o que você está tentando expressar e qual a melhor forma de fazê-lo. Experimente novos modos de expressão. Mantenha-se fiel aos modos que fazem você se sentir mais você e os conecte aos modos que o levarão ao próximo nível. Só porque faço apresentações corporativas não significa que falo como o diretor de marketing de uma seguradora. Isso significa que fundi a linguagem das corporações com meu próprio senso de linguagem e utilizo esse modo de expressão quando a ocasião exige.

A prática não leva à perfeição, ela leva à permanência.

Hoje, se você observar a progressão dos meus vídeos, verá que a forma como me expresso é mais clara, nítida e direta do que quando comecei. Como continuo estudando e aprendendo, minha expressão se torna cada vez mais clara. Eu ainda trabalho na minha capacidade de me expressar no mais alto nível possível e para todos os tipos de pessoas.

A expressão nem sempre é verbal, é claro. Expressão é a manifestação de todos os tipos de linguagem — espiritual, física, intelectual. Os artistas se expressam através da pintura, escultura e desenho. Os dançarinos se expressam através da coreografia e do movimento. Músicos, através de acordes e sinfonias. Escritores escrevem. Os cantores cantam. Atletas saltam, correm, agarram e arremessam. Claro, eu me expresso através da fala. Os grandes são os que continuam acumulando conhecimento — continuam estudando técnicas de pintura, continuam desafiando seus corpos, aprendendo novas canções, escrevendo livros mais profundos. Eles também são os que aplicam estrutura ao próprio conhecimento. A expressão pode ser simples ou complexa. Pode ser direta ou abstrata. A expressão pode vir de várias formas. Mas, quando é feita ao mais alto nível, é estudada e estruturada. Todos os grandes são lembrados por sua capacidade de expressar conhecimento em um nível singular e excelente.

Excelência é a Expressão em sua Forma Mais Clara

Educação e expressão são um pacote completo quando executados com excelência. Excelência é o que vem de traduzir sua educação e conhecimento em sua forma de expressão mais clara e comovente.

Qual o objetivo de ser excelente se você já tem sua educação e pode se expressar com clareza? Por que se esforçar para se destacar? A Bíblia diz que o homem que é diligente em seu trabalho estará diante dos reis. De forma bem simples, as oportunidades que você obtém quando é excelente são maiores do que as oportunidades que você obtém quando é meramente mediano. A maneira como você experimenta o mundo quando é excelente é muito diferente da maneira como você o experimenta quando está operando em um nível medíocre.

Para ilustrar o poder da excelência, gosto de contar a história de um garoto chamado Jay que trabalhava na Best Buy. Ele trabalhava com atendimento e no caixa, e dava 120% de si no trabalho. As pessoas procuravam um controle remoto ou um alto-falante, e Jay lhes dava ambos. Alguém precisava dar uma olhada, e ele era mais amigável e entusiasmado do que qualquer outra pessoa. Um dia, um executivo da Quicken Loans entrou quando Jay estava trabalhando no caixa. Jay ajudou aquele cara do jeito que ajudava todo mundo — de forma excelente. O executivo viu o potencial de Jay, viu como ele estava dando tudo o que tinha para aquele trabalho e o convidou para trabalhar na empresa. Apenas fazendo seu trabalho como funcionário regular em uma grande loja com tudo o que tinha, ele abriu uma porta de oportunidade que nunca estaria disponível para ele de outra forma. Hoje Jay é um representante de sucesso em Phoenix. O cara está arrasando.

Quando você é excelente, pode voar acima do mundo de uma maneira diferente. Você ganha liberdade e vê as coisas com uma perspectiva de nível superior. Você não fica preso a mentalidade da vítima porque possui o conhecimento de que é responsável por seu próprio sucesso. Ser excelente é estar pronto para receber o seu sucesso quando se trata de você.

Você Precisa Querer a Excelência

Quando falamos de excelência na comunidade negra, falamos de excelência negra. Não se trata apenas de trabalhar duro, trata-se de trabalhar mais do que qualquer outra pessoa para chegar ao próximo nível. É o mesmo para qualquer pessoa que possa estar em desvantagem social. Em muitos casos, as mulheres têm que trabalhar duas vezes mais que os homens para ganhar o mesmo valor. Os idosos têm menos oportunidades de emprego do que os mais jovens. As pessoas com deficiência não têm as mesmas portas abertas que as pessoas sem deficiência. Se você vem de um grupo de pessoas oprimidas — idade, raça, gênero, economia ou outro — não apenas é necessário superar suas circunstâncias com menos recursos, mas você deve fazer isso melhor do que todos os outros. Você não pode ser apenas mediano. Você precisa ser excelente. Maya Angelou explica melhor: "Nada funcionará a menos que você faça."

A maneira como enxergo isso é simples: minha gente, os que vieram antes de mim, simplesmente não tiveram as oportunidades que eu tenho. Mesmo que seja mais difícil para mim ganhar o mesmo salário ou conseguir o mesmo emprego que alguém na minha posição que tem maiores vantagens, minha única escolha é ser excelente e trabalhar duro e por mais tempo. Se houver uma montanha extra para escalar, escale. Se houver outro diploma necessário a você, vá buscá-lo.

O primeiro passo para a excelência é o desejo. Você precisa querer ser excelente. A pessoa mediana nem sequer alcança essa etapa. A pessoa mediana estuda as pessoas que são excelentes e as admira de longe. Ela não faz a conexão de que a capacidade de excelência reside dentro de si. A pessoa que deseja a excelência, que pode ver que tem a capacidade de se tornar excelente, é a pessoa que supera as expectativas repetidas vezes para se tornar maior do que o ser humano médio.

O próximo passo para a excelência é identificar no que você deseja se destacar. Isso, é claro, está ligado ao seu superpoder e ao seu caminho de propósito. No que quer que você seja bom, você tem a capacidade de ser excelente. Eu sabia que sempre fui bom em servir. Eu adorava fazer as pessoas felizes. Mesmo quando eu era um sem-teto, comecei a trabalhar e coloquei um sorriso no rosto e dei o melhor que pude naquele tempo. Como eu estava trabalhando com meu superpoder, trabalhar com excelência parecia uma segunda natureza. Dito isso, por que não ser excelente em tudo o que faz? Se você é um marido, seja um excelente marido. Se você é um estudante, seja um excelente aluno. Se você é pai, seja um excelente pai. A excelência não se limita a carreiras, empregos ou vocações.

Fique obcecado com aquilo em que você quer se destacar. Para ser excelente, você precisa ser como Michael Jordan e Kobe Bryant: insaciável, irreprimível, insano. Os verdadeiramente excelentes entre nós sabem que acordaremos todos os dias em busca de uma perfeição que não pode ser alcançada. Acordamos todos os dias buscando ser melhores do que éramos no dia anterior. Acordamos todos os dias com o objetivo de melhorar e avançar em direção à grandeza.

A excelência é uma questão de prática, e o aprendizado é uma forma estruturada de praticar. Quando comecei a lecionar, lia livros sobre crescimento e desenvolvimento pessoal. Os atletas assistem a gravações e estudam os grandes nomes que vieram antes deles para que possam incorporar esses movimentos em seu próprio jogo. Artistas estudam história da arte. Eles estudam a pintura e a escultura dos grandes mestres para que possam construí-la em sua própria base de conhecimento. Os médicos estudam imunizações, neurociência e cirurgia — todas as técnicas que foram forjadas à medida que o campo progrediu — para que possam avançar em sua própria compreensão de como ajudar seus pacientes. Se você deseja expressar seu dom, precisa entender completamente sua complexidade.

O próximo passo para a excelência é criar um sistema de autoavaliação. Você não pode ficar satisfeito se não estiver atuando no mais alto nível. Você não pode mentir para si mesmo e se safar dando apenas

80%. Sempre soube quando não estava dando o meu melhor. Quando eu estava sendo demitido do emprego ou me metendo em problemas na escola, sempre tinha consciência de que estava me enganando e sempre sentia duplamente as consequências de minha falta de esforço.

Começo com uma referência. Eu pessoalmente defino o que excelência significa para mim — como marido, como pai, como orador. Eu me pergunto: como é a excelência? Eu crio uma imagem mental do que isso deveria significar. Quando acordo, me pergunto enquanto sigo em frente: *estou sendo excelente ou apenas mediano?* Divido a ideia da referência em três pontos: um certo nível de habilidade, uma atitude e esforço.

Identifique sua habilidade. É um arremesso de três pontos? É equilibrar as contas de uma empresa? É a comunicação entre os departamentos do seu trabalho? Pergunte a si mesmo como as pessoas são impactadas por sua habilidade e o que isso significa para você. Em seguida, pergunte a si mesmo qual é a sua atitude em relação à execução dessa habilidade. Você acorda todos os dias animado para trabalhar com isso? Ou você fica para baixo quando pensa em trabalhar essa habilidade? No caso da última opção, pense no que o deixa para baixo e tente algo diferente. Quando se trata de esforço, pergunte-se que tipo de esforço você está fazendo. Avalie seu próprio trabalho, mas também se pergunte como as pessoas mais próximas a você são afetadas por ele. Pergunte ao seu chefe, sua esposa, seus filhos, quais são as métricas. Pergunte a eles se você está se segurando. Pergunte se você está passando tempo suficiente com eles. Não tenha medo de deixar que outras pessoas tenham importância nas suas decisões. Por último, pergunte a si mesmo que tipo de progresso você deseja fazer em sua habilidade. Você tem tido um desempenho excelente por seis meses, mas não está crescendo? Ou você está crescendo um pouco a cada dia? Se comunicando melhor a cada dia? Lendo mais todos os dias? Ficando mais rápido a cada dia? Se você crescer 1% diariamente, no final do ano terá crescido 365%. Avalie seu progresso semana a semana, mês a mês, trimestre a trimestre, ano a ano.

Excelência é uma questão de consciência interior. No final das contas, você não está competindo com ninguém quando está comprometido com a excelência. A excelência está profundamente relacionada ao seu porquê na vida. Quando você tem um porquê, você tem o combustível que o mantém caminhando em direção à excelência. O que quer que esteja fazendo, está fazendo por você e por seu motivo — não para receber uma recompensa. Excelência nunca é sobre ser rico ou famoso. Nunca é por coisas extrínsecas. Eu não uso relógios. Eu não dirijo carros luxuosos. Não uso correntes ou joias de ouro. Moro na mesma casa há mais de quinze anos. Sou o melhor no que faço porque tenho algo dentro de mim que é maior do que viver como um bilionário. É maior do que vencer. É maior do que obter a validação de outras pessoas. Eu tenho algo dentro de mim que supera tudo o que é externo e me leva a ser o melhor que posso ser ao acordar todos os dias.

A única maneira de sair da mediocridade é continuar buscando a excelência.

Não é incomum que as pessoas retrocedam depois de atingir o desempenho máximo. À medida que passo por minha própria experiência de excelência, constantemente ajusto meu objetivo. Quando alcanço um ponto de referência, olho para o próximo. Depois de obter meu diploma de bacharel, esperei ansiosamente pelo meu mestrado. Depois que fiz o mestrado, foi o doutorado. Agora estou atrás do Prêmio Nobel.

A Tarefa

1. Qual é a sua atitude em relação à educação? Qual é a sua atitude em relação ao aprendizado? Qual é a sua atitude em relação ao conhecimento? Pesquise cada uma dessas respostas e tente descobrir de onde veio a fonte de sua atitude.
2. Você é naturalmente curioso? Se você tem uma pergunta sobre algo, você tenta encontrar a resposta? Por que sim ou por que não? O que o leva a encontrar a resposta? Se não, o que o impede de querer saber a resposta?
3. Como você se expressa melhor? Com a palavra escrita? Com seus gestos físicos? Com fala? Com desenho? De que maneira você luta para se expressar? Quando você luta, com o que você luta? Como você reage a essa luta?
4. Quando você pensa em usar seus dons, você se esforça de uma forma que parece consumir tudo? Você já parou de exercer seus dons? Você sente que tem mais para dar quando está praticando seus dons? Em caso afirmativo, o que é que o impede?

Desafio: Pense em algo que você gostaria de aprender sobre seus dons. Reserve um tempo para pesquisar sobre isso. Enquanto pesquisa, tome consciência de como você se sente sobre o ato de aprender. O que está acontecendo em seu corpo? O que está acontecendo em sua mente? Passe algum tempo com esses sentimentos. Depois de aprender e passar algum tempo pensando em como se sente sobre isso, pegue esse conhecimento recém-adquirido e tente expressá-lo da maneira que puder expressar. Converse com alguém sobre isso. Escreva. Pinte sobre isso. Dance sobre isso. Qual é a sensação dessa expressão? Poderia ser mais clara? Mais precisa? Você precisa aprender um pouco mais? Você poderia praticar? Você poderia mudar o modo de expressão ou misturá-la com outro? Como você pode expressar isso para que chame a atenção e faça as pessoas olharem? Como você pode expressá-lo sem reter nada enquanto ainda permanece claro? Passe algum tempo com seu novo conhecimento e desenvolva-o um pouco todos os dias. Esforce-se para cultivá-lo. Esforce-se para expressá-lo um pouco mais claramente a cada dia. Faça anotações de seu progresso e de como progredir faz você se sentir.

CAPÍTULO

Sacrifique o Bom pelo Ótimo

O BOM É BOM, MAS NÃO É ÓTIMO.

Jamais esquecerei o conselho que o pastor James Doggette, que liderava nosso grupo da igreja em Huntsville, me deu um ano antes de partirmos para a MSU. Ele me disse que falar profissionalmente sem um diploma aos meus 20 anos era fofo, mas que, quando eu chegasse aos 30, as portas começariam a se fechar. Quando chegasse a hora, eu alcançaria o limite para o sucesso. Ele colocou na minha cabeça que, para proteger a vida que eu levava, eu não poderia simplesmente continuar fazendo a mesma coisa indefinidamente. Eu precisava crescer e expandir minhas ideias sobre o que significava ter sucesso. Porque o que não cresce, morre.

Não havia garantia de que, quando chegasse à Michigan State, conseguiria um cargo de professor regular. Não havia garantia de que eu não teria as mesmas dificuldades que já tive antes com a universidade. Não havia garantia de que construiríamos a mesma comunidade e os mesmos seguidores que tínhamos em Huntsville. Não estávamos desistindo do que tínhamos em troca de algo tangível ou garantido. Mas eu sabia que precisava arriscar. Eu não temeria o que estava por vir apenas para me agarrar ao que eu tinha.

Essa forma de pensar mudou a maneira como encaro a vida agora. Caminhar em meu propósito ganhou nova profundidade e significado. Caminhar no meu propósito significava seguir em frente, avançar, sonhar mais adiante. Significava cultivar uma fome constante de aprendizado, de nunca estar satisfeito com o que me era proposto. Seu corpo se acostuma quando o mesmo treino é repetido frequentemente. Você para de se sentir dolorido. Você para de emagrecer. Partes do seu corpo ficam superdesenvolvidas, enquanto outras perdem definição e músculos. Isso é o que acontece com sua mente, sua espiritualidade e seu bem-estar emocional quando você permanece no mesmo lugar. Ao parar de progredir, você perde sua vantagem. Mas, ao estar sempre querendo mais, sempre expandindo sua capacidade, você está sempre avançando.

A forma como encarei sair de Huntsville foi assim: tudo tem prazo de validade. O pão fresco de hoje é o pão velho de amanhã. Leite bom hoje azeda no dia seguinte. O que é bom aos 20 anos não é necessariamente o que é bom aos 30. As coisas que o satisfazem hoje podem não satisfazer seus desejos no ano seguinte. A vida que Dede e eu construímos em Huntsville ao longo de dez anos fazia parte de um sonho que havíamos concebido quando adolescentes. E, para seguir em frente, para construir nosso sonho, tínhamos que continuar sonhando alto. O que tínhamos era bom. Mas eu queria algo ótimo.

A Inquietação pode Impulsioná-lo a ser Ótimo

Mas o que acontece quando você é involuntariamente afastado de algo que considera bom? O que acontece se você tem algo bom e é forçado a deixá-lo para trás — um emprego, um cônjuge, uma cidade? Depende da sua capacidade de transformar essa experiência em algo grandioso.

Atletas são constantemente negociados. Todos os dias eles reavaliam seus corpos, suas equipes, seus futuros. Parte do negócio de ser um atleta é ser negociado, mudar para novos times, trabalhar com novos treinadores e jogadores. Digo aos meus rapazes que ser negociado é a melhor posição para se estar. Ser dispensado é uma oportunidade de ver o mundo com novos olhos.

Você pode ter vencido um campeonato ou dois Super Bowls e depois começar a relaxar porque já sentiu como é ser um campeão. Mas, quando alguém o negocia, você sente um fogo que não sentia há anos porque quer mostrar ao seu antigo time que eles estão perdendo seus talentos. Ser negociado pode impulsionar um jogador para a frente. Você pode ficar em um time por cinco anos e começar a se sentir como o Super-Homem. Mas, quando se é negociado, algo se agita dentro de você — o deixa com raiva, chateado ou motivado — e, se você usar essa agitação a seu favor, isso pode impulsioná-lo ao próximo nível. Se você usar isso para provar que tem a capacidade de ser melhor do que era antes, está caminhando para o ótimo.

Um recuo é a preparação para um retorno.

Chris Paul é um jogador que sempre esteve em movimento na NBA. Acho que parte do que o torna tão valioso é que ele nunca fica confortável em um só lugar. O CP3 nunca esteve em posição de se tornar complacente ou preguiçoso. Não importa onde ele esteja — do Hornets ao Rockets, do Clippers ao Suns — o homem é simplesmente uma fera. Digamos que ele jogue cerca de 80 partidas por temporada. Dessas, ele está no seu melhor 60 vezes. A maioria dos jogadores não tem esse fogo. Eles não têm vontade de acordar todos os dias e dar 120%. Acho que muito do que o torna quem ele é está relacionado ao fato de ele estar disposto a se sentir desconfortável, disposto a alongar os músculos e expandir sua capacidade.

Quando falo com o CP3, atuo como suporte. Ele não precisa de mim para reconstruir sua visão de mundo. Ele precisa de ferro para afiar o ferro. Nos raros dias em que ele está se sentindo distraído, dou a ele algo em que se concentrar. Na verdade, às vezes coloco em perspectiva o que pode significar trabalhar com colegas de equipe mais jovens ou que não têm o mesmo impulso interno que ele. Nos momentos em que ele se machucou ou lidou com a covid durante os playoffs de 2021, reforcei que ele tem que controlar o que é controlável. Como líder, ele ainda pode estar presente com a sabedoria. Como companheiro de equipe, ele ainda pode aparecer como apoio. Durante os jogos em que ele estava fora, o técnico Monty Williams fez um FaceTime com ele durante o intervalo, para que ele pudesse dar aos rapazes seu amor e apoio.

Depois que você se sentir confortável em ficar desconfortável e encontrar satisfação no desafio, sua forma de pensar também começa a mudar. Sua mente é seu músculo mais forte. E, quando sua mente aceita o desafio, você pode começar a acordar com esse impulso. Você pode começar a se ver de maneira diferente e saber que tem a si mesmo. Sua mente não sonha com algo que é incapaz de alcançar. Quando você decide que quer ser a elite da elite, começa a agir como tal — com um combustível que vem de dentro.

Até Michael Jordan teve que descobrir uma maneira de progredir, encontrar uma maneira de extrair grandeza de si mesmo. Ele simplesmente inventava as coisas — perguntando a outros jogadores por que eles estavam falando sobre sua mãe ou por que achavam que eram melhores do que ele, mesmo que ninguém tivesse dito nada. Os mais excelentes entre nós sempre encontram maneiras de levar seus talentos para o próximo nível.

O Desconhecido é o Lugar Mais Interessante para se Estar

Alguns anos atrás, eu estava em Atlanta para falar com um grande grupo de empresários e CEOs negros. Eu estava fazendo meu ritual pré-palestra de meditar e orar nos bastidores antes de prosseguir. Na minha cabeça, muitas vezes ouço a letra *Lose Yourself* do Eminem: *Você é dono do momento, é melhor nunca deixá-lo escapar / Você só tem uma chance, não perca a chance de estourar / Esta oportunidade só vem uma vez na vida*. Não percebi que estava sendo observado por um garoto cujo pai era um dos fundadores do Circle of CEOs. O menino se aproximou e perguntou se eu estava nervoso. Ele não acreditou quando eu disse: "Sim, com certeza." Ele me viu no YouTube e ficou surpreso por eu ainda ficar ansioso toda vez que estou diante de uma plateia.

Mas eu não sou artista. Sou coach e pastor. E, ao longo dos anos, percebi o quão alto são os riscos quando estou conversando com as pessoas. O trabalho que estou fazendo é transformador. As pessoas me ouvem. Eu as influencio. Sempre que falo para uma plateia, levo isso muito a sério. E por esse motivo sempre fico nervoso, mas não é algo que eu deixe me impedir de fazer minhas coisas. Sou tão emotivo que preciso ter cuidado. Minhas emoções podem me paralisar se eu permitir. Elas podem me impedir de operar em meu fluxo ou me distrair da excelência que busco todos os dias. A diferença entre o E. mais jovem e o E. que você vê hoje é que aceitei que minhas emoções fazem parte de quem eu sou. É um desafio que eu abraço. É uma qualidade que me torna bom no que faço.

Há uma certa quantidade de medo embutida na noção de sacrificar o familiar pelo desconhecido. Mas o desconhecido é o lugar mais interessante para se estar. Quando você viaja pelo mundo, está propositadamente procurando o desconhecido. Quando aprende outro idioma, está procurando o desconhecido. Quando lê um novo livro, conversa com uma nova pessoa ou assiste a um novo filme, está procurando o desconhecido. E, ao fazer isso, você está cultivando a fome de conhecimento. Você poderia assistir ao mesmo filme várias vezes. Poderia ler o mesmo livro centenas de vezes. E seria bom. Você sabe que sim. Mas, se você não ansiar por algo novo, nunca saberá o verdadeiro significado de grandeza.

A dor produz coisas que a complacência não consegue.

Você não pode deixar que o medo o impeça de fazer o que deseja. Você não pode deixar o medo mantê-lo em um lugar de complacência e conforto.

O ser humano médio procura pela zona de conforto — o lugar onde as coisas são estáveis e constantes. O ser humano médio gosta de se acomodar a esse sentimento, que eventualmente se transforma no status quo. O bom é bom, mas ele não garante o campeonato. O bom é bom, mas ele não leva você ao cargo de presidente ou CEO. O bom é bom, mas ele não o qualifica para as Olimpíadas. O bom é bom, mas ele não é ótimo. Quase qualquer um pode conseguir algo bom, mas, se você quiser seguir em frente e subir de nível, terá que enfrentar o abandono do bom pelo ótimo.

Sair da zona de conforto pode ser assustador. No entanto, o desconforto não tem que ser algo ruim. Desconforto é o que você sente quando se exercita e seu corpo está mudando. Desconforto é o que você sente quando viaja para um novo país e não sabe para onde está indo. Desconforto é o que constrói força, conhecimento e caráter.

O chá não funciona a menos que água quente seja adicionada. Há certos aspectos nossos que não funcionam quando estamos em uma zona de conforto. Calor e pressão produzem grandeza em nós. Calor e pressão podem ser coisas boas se você as encarar dessa forma. Sua energia flui para onde seu foco vai. Se você vê o medo e o desconforto como sufocantes, você será sufocado. Mas, se você identificar esses sentimentos com uma maneira diferente de pensar, poderá enxergar com um novo discernimento o que precisa fazer para se tornar ótimo. Às vezes você precisa da água quente para realçar o sabor do chá.

Mas talvez sair da zona de conforto não seja o que está por trás do seu medo. Talvez seu medo venha de outro lugar — um lugar que se preocupa com o bem-estar e a sobrevivência. Conheço bem esse sentimento. Sempre senti a pressão de sustentar minha família. Minha carreira de palestrante motivacional nem sempre foi meu ganha-pão. Adquiri muitas outras competências e habilidades enquanto transformava as palestras em minha principal fonte de renda. Hoje, sou multidimensional. Hoje sei que, se minha voz sumisse, poderia continuar a proporcionar estabilidade para mim e minha família. Meu medo de não conseguir sustentá-los, neste caso, é positivo. Ele continua me desafiando a ser completo, a fazer mais e ser mais do que apenas um palestrante, ensinar ou fazer treinamentos. Eu penso em pessoas como D.O.C. do N.W.A sofrendo um acidente de carro e perdendo a voz, ou Adele perdendo a voz por dois anos e tendo que cancelar suas turnês. Acredito que, por causa de onde venho, fui construído para sobreviver e parte disso significa ter medo de perder tudo. Minha apólice de seguro é a minha excelência, e ser excelente em todos os aspectos é o que faço neste mundo.

A Visão que o Mundo Tem para Você nem Sempre se Alinhará com o que Você Vê para Si

Trabalhar na MSU foi tranquilo por quase cinco anos. CJ, Karl e eu expandimos o Advantage, e estávamos atraindo grandes audiências e mudando completamente a vida dos jovens. O Departamento de Assuntos Estudantis estava por trás de cada movimento que fazíamos. Mas as coisas mudaram e, em dado momento, uma nova diretora entrou e teve uma visão diferente de como as coisas deveriam ser feitas. Infelizmente, ela não estava tão animada com o que estávamos fazendo no Advantage quanto os diretores anteriores. Não fazíamos as coisas da maneira tradicional e tínhamos liberdade porque havíamos mudado todo o método de alcance dos alunos. Essas coisas acontecem. Assim como quando chega um novo treinador e eles querem montar seu próprio time, novos líderes chegam e querem que as coisas sejam feitas do seu jeito. Mas a realidade era esta: eu não recebia para executar o Advantage. Era um programa que a universidade não financiava. E era um programa que atraía multidões dentro e fora do campus todas as semanas. Estava fazendo uma grande diferença na vida dos jovens de todas as raças e níveis socioeconômicos. O Advantage não era apenas bom. Era ótimo.

Quando percebi que o que estávamos fazendo não era apreciado, senti que era hora de levar meus talentos para outro lugar. Lidar com a tensão da situação estava tirando energia do trabalho significativo que eu estava tentando realizar. O diretor do departamento, Dr. Lee June, não queria que eu fosse embora. Ele me pediu para esperar um ano e reavaliar. Como foram feitas concessões para me trazer, e porque muito apoio foi dado a mim quando cheguei à MSU, fiquei em conflito sobre sair de imediato. Então eu dei mais um ano. E ao fim do ano as coisas não melhoraram. Eu não tive escolha a não ser ir embora.

Então descobri o seguinte: deixar aquele emprego me deu uma liberdade que eu não poderia ter tido antes. Claro, eu não tinha benefícios ou um contracheque fixo da MSU, mas o que eu tinha era a clareza para entender o que deveria fazer a seguir. Eu me vi livre de distrações, papelada e reuniões, e ganhei uma noção do que deveria vir a seguir para mim. Quando você abandona uma situação boa pela promessa de uma ótima — voluntária ou não —, encontra tempo para praticar sua grandeza. Você ganha uma compreensão da diferença entre mediocridade e excelência. Você descobre o que pode manter para alcançar o seu sucesso e o que pode deixar para trás. Assim como quando um jogador é negociado, deixar a MSU me motivou a me esforçar para o que estava além do horizonte. Eu sabia que a grandeza estava à minha frente. Eu só tinha que estender a mão e pegá-la.

No final, mantive o Advantage. Ele ainda existe e é mais popular e diversificado do que nunca. Ainda falo todas as segundas-feiras à noite para quem quiser vir. Transmitimos ao vivo no Facebook e no Instagram, para pessoas de todos os lugares que não podem necessariamente comparecer a um dos meus eventos. Ainda não somos pagos pelo programa e a universidade não o financia, mas ainda está no campus e ainda vive da forma como o idealizei quando CJ e eu realizamos o primeiro encontro naquela segunda-feira. Nunca abrimos mão de nossa visão.

A questão é esta: sua visão é pessoal. Você não pode deixar que outras pessoas roubem suas visões ou objetivos e forcem suas pautas em seus sonhos. Você deve ser cauteloso ao satisfazer as expectativas das pessoas enquanto continua a honrar as suas. Isso é especialmente verdadeiro quando se lida com grandes sistemas — corporações, governo, universidades, NBA, NCAA. Os fundadores dos EUA tinham uma visão e um sonho, mas não foram necessariamente eles que estabeleceram a infraestrutura que os tornaram reais. Eles conseguiram fazer com que japoneses, irlandeses, africanos, hispânicos construíssem o país que imaginaram. As pessoas podem intimidá-lo a realizar o sonho delas se você não for cuidadoso. Sempre mantenha sua própria visão à vista.

A Grandeza Não é Fácil

Quando Dede e eu chegamos à Michigan State, ela começou a frequentar a Igreja Adventista do Sétimo Dia na cidade. Na época, o pastor original havia ido para o exterior, então havia uma vaga para o cargo. Eu me voluntariava ocasionalmente e, cada uma das vezes, a igreja ficava lotada com assentos extras adicionados aos corredores. Por fim, os membros perguntaram se eu aceitaria o cargo de pastor leigo. Eu terminei meu mestrado, fui contratado pela Michigan State e parecia o momento certo para oficializá-lo. Eu estava pronto para me estabelecer. Depois de arrastar Dede para o norte, sob protestos, ela encontrou um ótimo emprego. As crianças estavam felizes. Eu tinha duas grandes carreiras fazendo tudo o que eu amava fazer. A vida era linda.

Durante quatro anos, trabalhar com a igreja foi uma utopia. Quando cheguei lá, a congregação era pequena, mas conseguimos escalar e edificar em questão de um ano. Até que ficamos lotados. Mas não acabou aí. Estávamos indo bem na comunidade. Organizamos um programa para jovens depois da escola. Os alunos da MSU começaram a vir para me ouvir pregar. Formamos laços com outras congregações e viajamos juntos. Apoiamos os membros em crise espiritual e física. Oradores especiais e músicos vinham falar e fazer apresentações quase toda semana. Fizemos jantares e churrascos no parque. E os bancos estavam sempre cheios. Parecia exatamente como eu imaginava que a vida deveria ser... Pelo menos por um tempo.

Nunca fiz nada da maneira tradicional, isso inclui ser pastor. Durante os cultos, eu me sentava no banco da frente em vez de à frente da igreja. Eu contava histórias e dava sermões no estilo E.T., que é mais focado no aspecto humano de uma mensagem do que na doutrina. Não há nada de errado com a doutrina. Ela só nunca foi minha praia. Eu prego a partir da minha experiência. A maneira como vi a mudança na igreja foi totalmente positiva. Para mim, as pessoas tinham necessidades reais — necessidades emocionais, financeiras e educacionais — e, se pudéssemos ajudá-las em um nível pessoal, estaríamos fazendo exatamente o que uma igreja deveria fazer. Parecia que estávamos em um lugar de grandeza, espalhando essa grandeza pela comunidade.

Mais e mais membros novos chegaram — pessoas de toda a comunidade com todos os tipos de experiências. Alguns membros antigos também retornaram. Mas logo ficou claro que alguns dos membros mais tradicionais estavam tendo dificuldade para se ajustar à mudança em andamento na igreja. Algumas pessoas achavam que eu era moderno demais. Outros achavam que eu era muito criativo em minha fala. Sem que eu soubesse, alguns dos membros seniores da liderança começaram a escrever cartas aos oficiais da conferência regional da igreja adventista. Por fim, o presidente veio para investigar o assunto e decidiu que a igreja estava indo muito bem. Ele notou o aumento do comparecimento e da participação, mas, mais importante do que isso, notou o impacto positivo nos fiéis e na comunidade ao redor.

Infelizmente, isso não satisfez os tradicionalistas da igreja. Eles foram inflexíveis quanto a manter uma abordagem mais convencional e estruturada para seu ministério. Então, eles passaram por cima dos líderes da conferência regional e começaram a escrever cartas aos oficiais da conferência estadual. Aquele grupo, historicamente motivado por sistemas, protocolos e metodologia tradicional, começou a pressionar a administração regional para se livrar de mim. E funcionou. Não muito tempo depois daquela campanha de cartas, recebi um telefonema dizendo que estava sendo dispensado de minhas funções. Fiquei arrasado — esse não era o final que eu queria —, mas também estava determinado a manter minha cabeça erguida e manter as coisas pacíficas. Eu não queria brigar com ninguém na igreja. Eu odeio tensão. Odeio discutir. Eu amava as pessoas de lá e queria fazer o meu melhor com a responsabilidade que Deus havia me dado.

Você já esteve em um lugar onde estava prosperando, mas também estava preso? É estranho pensar que você pode estar no topo de seu jogo e, ao mesmo tempo, estar tão restringido que não consegue exercer seu verdadeiro potencial. Mas é assim que as coisas às vezes acontecem. E às vezes você precisa de um empurrão para chegar ao próximo nível. Nesses momentos, sinto-me inspirado pela história de José na Bíblia. Como eu, José se viu em uma situação paradoxal. Banido para a prisão por um crime que não cometeu, ele ainda era um líder, ainda encontrava maneiras de ser o melhor em seu trabalho. Há momentos em que Deus o enviará a ambientes que não são ideais, mas você ainda pode ser uma bênção. Você ainda pode fazer um bom trabalho. Inspirei-me na fé de José em meio a sua incerteza e decepção.

Em meu último dia na igreja, em meu último sermão, falei sobre José e sua fé. Quando terminei, Dede agarrou minha mão e nós, junto com Jalin e Jayda, caminhamos em direção às portas da igreja. E então fiz algo que, talvez na época, muitas pessoas na congregação não entenderam: parei na porta, desamarrei os sapatos e os deixei lá antes de sair. Eram um par de botas que eu adorava usar. Elas me foram dadas por um membro da congregação como sinal de agradecimento.

As botas foram um gesto simbólico para mim por dois motivos: primeiro, parecia o fim de um noivado ou casamento. Uma pessoa tira o anel e relutantemente o coloca na mão do parceiro antes de ir embora. É um gesto de que o compromisso — e todas as coisas ligadas a ele — irrevogavelmente terminaram. Em segundo lugar, aprendi que você pode estar no meio de uma temporada sombria e Deus começará a mudar as coisas em seu ambiente sem que você perceba. Quando estava sendo solto da prisão, antes que José pudesse se apresentar ao Faraó, foi-lhe dito que se barbeasse e mudasse de roupa — para passar de um homem preso a um homem do mundo. Quando você está fazendo a transição de uma temporada para a outra, precisa se desassociar das coisas que estão ligadas ao seu lugar de origem. Você tem que fazer a transição do zero, para além de tudo o que sabia antes.

Dede e eu ficamos arrasados com a perda da igreja. Demos tudo o que tínhamos para construir nossa congregação e retribuir à comunidade. Estávamos em um verdadeiro lugar de conforto e paz com as vidas que construímos. Mas, quando deixamos para trás aqueles bancos cor de vinho, os vitrais e os homens e mulheres bem-vestidos segurando seus leques de papel, não notamos os novos começos que estávamos criando mesmo em meio a um final tão emotivo.

Tudo faz sentido agora, quando olho para trás naquele dia. Antes do meu sermão, o coro cantou “Praise Him in Advance” de Marvin Sapp. Eu nunca teria conseguido explicar naquela época, mas, mesmo com a devastação que eu e minha família sentíamos, Deus já havia começado a preparar uma mesa para nós. CJ estava sentado na igreja na época. O que eu não percebi, mas o que ele mais tarde compartilhou comigo, foi que mais da metade da igreja saiu atrás de mim — dezenas de outros membros estavam bem atrás de mim e minha família quando saímos para a tarde fria de outono, o sol e a brisa nos acolhendo em uma nova temporada. Caminhamos para nossos carros com uma mistura de dor e louvor em nossos corações.

Na semana seguinte, recebi um telefonema do Dr. Charles Arrington e sua esposa Simone, que me disseram que estavam realizando cultos em sua casa com todas as pessoas que haviam saído. Eles perguntaram se eu viria e pregaria na qualidade de pastor quando me sentisse pronto. Eu tinha reservas sobre isso. Eu não queria começar nenhum problema adicional com a denominação, mas lembrei-me de um versículo da Bíblia quando Jesus pergunta a Pedro: "Você me ama?" E Pedro responde: "É claro que eu te amo." E Jesus pergunta novamente: "Você me ama?" E Pedro responde: "Sim, eu te disse, eu te amo." E Jesus pergunta uma última vez: "Você me ama?" E Pedro diz a ele: "Sim, meu senhor, eu te amo." Então Jesus olha para ele e diz: "Se você me ama, apascenta minhas ovelhas." Eu não podia negar que havia um rebanho para liderar e as pessoas olhavam para mim como seu pastor.

Quando comecei a pregar fora da igreja, a notícia se espalhou, e diziam na rua que eu estava na lista negra. Eu não tinha permissão para frequentar uma igreja na conferência dos Great Lakes e certamente não tinha permissão para falar em nenhum evento ou igreja que tivesse qualquer conexão com a fé adventista do sétimo dia. Mesmo Oakwood, minha amada Oakwood, minha primeira casa fora de Detroit, não me deixou mais falar.

Foi quando troquei algo bom por algo ótimo. Embora não tenha sido minha escolha, embora eu tivesse sido banido de minha própria fé e de meu lar espiritual, não pude ver isso como nada além de uma oportunidade de seguir em frente. Mesmo depois de falar na igreja de meus padrinhos e de um oficial da fé tentar me intimidar para que eu fosse embora, não consegui ver nada além de um caminho para um propósito maior, além da política da religião. Ninguém tem o monopólio da Bíblia.

Ninguém tem o monopólio de Deus. E ninguém tem o monopólio da fé. A espiritualidade é muito pessoal. Você não pode dizer às pessoas como praticá-la. Você só pode estar lá para quem precisa de 120%.

Você deve estar disposto a sacrificar o que é pelo que se tornará.

Este foi o início do ministério que Dede e eu iniciamos, chamado A Place of Change. Quando começamos A Place of Change, prometemos torná-la um ministério, não uma igreja. Sabíamos que não seria um edifício ou um sistema tradicional. Sabíamos que queríamos dar mais à nossa congregação do que eles davam a nós. Começamos com cinquenta ou sessenta pessoas, realizando cultos em todos os lugares — em residências, nas salas de aula da MSU, em centros comunitários. Até que consegui comprar uma instalação médica abandonada onde, hoje, A Place of Change reúne uma comunidade de milhares de pessoas de todo o mundo. Mesmo durante uma pandemia, nosso número de membros aumentou e nos reunimos todas as semanas digitalmente para praticar a fé abertamente. Em alguns fins de semana, 50 mil pessoas sintonizam para comungar em oração. Hoje, estamos em um lugar de verdadeira grandeza que nunca teríamos conhecido se não tivéssemos sido forçados a seguir em frente.

Essa é a beleza de ser forçado a fazer sacrifícios. De precisar encarar o desconhecido. De enfrentar o medo do desconforto. Quando você usa os momentos de dificuldade e desafio como uma oportunidade para seguir em frente, você se abre para a grandeza. A grandeza não vem do conforto ou facilidade. A grandeza não é fácil. A grandeza é construída quando se desafia o que é bom.

Deixar o Bom pelo Ótimo deve ser Emocional

Como você sabe quando deve deixar o bom pelo ótimo? Como você reconhece o ponto em que precisa trocar sua situação atual pelo que está por vir?

Em muitos casos, pode ser que precise passar por uma experiência emocional séria. Talvez múltiplas experiências emocionais sérias. Para muitos de nós, algo precisa acontecer — algo trágico, sério ou comovente. Eu não acordei pensando, *vamos lá*. Eu não acordei querendo ser ótimo. Foi preciso algumas coisas pesadas para agitar o que há de bom em mim. E então algumas coisas mais pesadas trouxeram o ótimo.

No momento, pode ser que você não seja capaz de reconhecer que o que está enfrentando é a hora de deixar para trás o bom pelo ótimo. Quando deixei a MSU e a igreja no mesmo ano, minha vida mudou. Tudo mudou. No meio de tudo isso, eu não conseguia ver o que viria a seguir. Eu não sabia que estava passando de bom para ótimo. O que eu sabia era que essas experiências não me destruiriam e que a única maneira de superá-las era seguir em frente. Em algum momento você precisa aceitar o que está acontecendo ao seu redor. Você precisa aceitar a dificuldade. E precisa persistir.

Depois de aceitar, você pode encontrar clareza. Você pode ser intencional sobre o que deseja da experiência. Eu nunca saio e corro seis ou sete quilômetros sem decidir previamente. Com a EM de Dede, com a igreja, com a MSU, decidi que não me deixaria ser destruído. Decidi que essas experiências me ajudariam a crescer. Mike Tyson tem aquele ditado famoso: "Todo mundo tem um plano até levar um soco na boca." A pergunta é esta: você vai se levantar? Se você vai ser ótimo, a resposta tem que ser sim. Independentemente do que estiver passando, chegar ao outro lado valerá a pena.

Decida como você vai escrever a narrativa de sua jornada. Quando Dede recebeu o diagnóstico de EM, eu me perguntei: *O que isso vai significar?* Tínhamos que decidir como isso nos moldaria. Decidimos que não sentaríamos e esperaríamos que a doença seguisse seu curso. Decidimos encará-la e lhe atribuir significado. O significado era que nos fortaleceríamos como casal, como família, como comunidade. Decidimos que seria o desafio que levaria nossas vidas para o próximo nível. Você pode deixar que o mundo impregne sua vida de significado — você pode ouvir a linguagem e a conversa de outras pessoas e deixar que isso o preencha. Ou você pode criar seu próprio idioma. Você pode pegar as palavras de sua história e sua vida e preenchê-las com o significado e a definição que deseja dar a elas.

Agora observe isto: Kobe Bryant disse que, se você quer ser ótimo, precisa ser obcecado por essa ideia. Para ir do bom ao ótimo, você *deve* — repito, você deve — ser obcecado por tudo aquilo em que deseja ser excelente. Se é isso que quer, você nunca se contentará com o bom. Você reconhecerá instantaneamente a medida do bom contra o ótimo e passará intuitivamente além do mero "bom" para o nível que está buscando. Você tem que estar disposto a abrir mão da previsibilidade e da estabilidade. Precisa estar bem com a sensação de desconforto. Você deve ser como um atleta no auge do treinamento. Você leva sua mente e seu corpo ao limite para chegar ao próximo nível de competição. Você deve ter a coragem de se colocar além da média. Você deve a si mesmo reunir essa coragem e seguir em direção à grandeza.

O que você deve manter em mente ao sacrificar o bom pelo ótimo é o momento presente. Viva o presente. A melhor versão de você é, na verdade, a de agora. Mas, se você não estiver sempre se desenvolvendo, crescendo e mudando, ainda estará no mesmo lugar por toda a eternidade. E seu presente acabará por expirar.

A Tarefa

1. O que é bom na sua vida agora? O que é ótimo? O que você consegue observar sobre a diferença entre os dois?
2. Com o que você não se conforma mais em sua vida? Com o que você é complacente? O que você gosta, mas não ama?
3. Pense nos medos que o estão prendendo. O que o impede de deixar um emprego, um relacionamento, uma cidade, uma ideologia para trás? O que você tem medo de perder se deixar isso para trás?

Desafio: Pegue uma das coisas boas da sua vida. Imagine o que seria necessário para aquela coisa — um emprego, um relacionamento, um talento — passar de bom para ótimo. Como é esse processo e qual o sentimento? Como é ser ótimo e como você se sente? Qual seria a sensação de permanecer em um lugar bom depois de ter imaginado um lugar ótimo? Quais são as emoções que cercam o bom versus o ótimo? O que você perderá ao passar de um para o outro? O que você vai ganhar? Compare essas coisas. Imagine passar pela dificuldade e pelo medo. Faça uma lista de etapas de como você pode começar a mover essa coisa ou situação boa para um lugar de grandeza.

CAPÍTULO

Você é um Negócio

TODOS PODEM SER EMPRESÁRIOS COMEÇANDO COM O QUE TÊM.

Ninguém fala sobre os negócios de Malcolm X ou os de Martin Luther King Jr. Ninguém conta como Marcus Garvey ou Huey Newton pagavam suas contas ou quem cuidava de suas finanças. Não acho que Sojourner Truth ou Frederick Douglass recebiam pagamento depois de discursarem em um comício. Quando comecei a fazer palestras motivacionais para ganhar a vida, não havia um guia prático que eu pudesse consultar para obter conselhos sobre como me tornar o melhor palestrante motivacional do mundo. O mundo da palestra motivacional é rarefeito e, quando eu estava começando, não era povoado por muita gente que se parecesse ou soasse como eu. À medida que me aprofundei no circuito da fala, operei, em grande parte, por instinto e impulso. Eu naturalmente me movi em direção ao espírito do ministério e do serviço. A palavra *estratégia* nem sequer fazia parte do meu vocabulário em relação à construção de um negócio até alguns anos atrás.

Por muitos anos, não notei o valor monetário da minha voz. Pude reparar que minha maneira de falar afetava as pessoas e movia multidões. Pude ver que tinha a capacidade de gerar emoções e provocar pensamentos. Mas eu não conseguia ver a amplitude ou o leque de oportunidades que minha voz e meu conjunto de habilidades apresentavam em termos de ganho financeiro. Acredite se quiser, houve um ponto em que eu não sabia que tinha um negócio embutido no meu corpo. Quando as pessoas começaram a solicitar minha presença como palestrante, eu simplesmente agradecia pela oportunidade. Quando as pessoas começaram a me pagar por palestras, fiquei animado, mas não pensei sobre isso como uma forma de ganhar a vida. Nunca me ocorreu que eu poderia ser pago por algo tão inextricável da minha própria existência.

Quando CJ e eu nos reunimos na Michigan State, era óbvio que ele tinha um senso inerente de como fazer negócios. Ele nunca teve medo de pedir recursos, tomar decisões ou executar um trabalho. Enquanto eu sempre quis interagir e estar com as pessoas, CJ sempre pensou em novas maneiras de apresentar nosso material ou ampliar nossa programação. Em 2005, tínhamos o Advantage instalado e em funcionamento, mas não sabíamos necessariamente o que viria a seguir. Continuamos angariando seguidores, aconselhando nossos jovens e trabalhando na comunidade.

Em algum momento, Karl apareceu. Ele era um cara quieto que veio para o Advantage logo no começo e nunca mais saiu. Nascido em Barbados e formado em biologia e comunicação social, Karl é uma daquelas pessoas que faz qualquer trabalho estranho, descobre como qualquer coisa tecnológica funciona e o faz de forma mais meticulosa e obsessiva do que qualquer um, sem esperar nada em troca. Até que, por estar presente há tanto tempo, se voluntariando e ajudando, acabou tornando-se parte da equipe. Quando CJ, Karl e eu nos tornamos uma equipe, não tínhamos um grande plano, mas tínhamos a sensação de que juntos poderíamos fazer algo grande acontecer.

Hoje, gostamos de descrever nossos papéis desta forma: eu sou a voz, CJ é o cérebro e Karl é as mãos. Em termos de *Flight Assessment*, sou o Comissário de Bordo. Gosto de estar perto de novas pessoas e trabalhar com minhas emoções e impulsos. CJ é um Piloto, o que significa que ele é um tomador de decisões e um mediador. Ele trabalha a partir de um lugar de lógica. Karl é um Equipe de Solo, o que significa que ele é o suporte, oferecendo consistência e previsibilidade. Ele está no seu melhor quando recebe orientação e estrutura e pode trabalhar com expectativas e referências. Não percebemos isso quando nos reunimos, mas éramos perfeitamente adequados um para o outro quando se tratava de administrar um negócio. Como todos temos diferentes habilidades e traços de personalidade, quando nos comunicamos de forma eficaz, funcionamos como uma máquina bem lubrificada. Mas demorou para termos essa percepção, então trabalhamos muito com a velha e simples tentativa e erro.

Quando CJ pesquisou o campo de palestrantes profissionais, ele viu que havia dezenas de pessoas bem-sucedidas financeiramente. Ele percebeu que tínhamos potencial não apenas para levar a sério a palestra motivacional como uma verdadeira carreira profissional, mas também para ganhar dinheiro fazendo isso. CJ sabia que eu era bom, mas identificou o problema de que ninguém sabia quem eu era. Você pode ser incrível em seu trabalho, mas, se ninguém souber quem você é ou onde encontrá-lo, não irá a lugar nenhum. CJ sabia que, nos EUA, as celebridades realizam o impensável. Quando você é uma celebridade, você anda em lugares e as pessoas o veem. Estávamos andando por lugares e ninguém nos conhecia de lugar nenhum.

Uma das primeiras lições que aprendi nos negócios é que você deve declarar o que você é e para onde está indo, para que o mundo possa percebê-lo da maneira como você deseja ser percebido. Antes que alguém o perceba nesse papel, você deve estar disposto a se imaginar nele. Sempre me nomeei como "ativista comunitário" e "palestrante motivacional". Para que o resto do mundo me visse dessa forma, eu mesmo teria que lhe dizer. Eu tinha que invocar e internalizar minha própria visão. Você deve se olhar no espelho e dizer: eu sou artista. Sou médico. Sou empresário. Eu sou palestrante motivacional. Claro, pode haver um diploma e uma graduação entre você e a execução real desse papel em alguns casos, mas, se você começar a se imaginar nesse papel e dizer a si mesmo que tem o que é preciso para desempenhá-lo, então você pode começar a se mover em direção a ele.

Comece Onde Você Está, Com o Que Você Tem

Declaradas as suas intenções, você pode começar a ver com mais clareza as oportunidades no mundo que se alinham com elas.

Assim que CJ, Karl e eu colocamos nossos esforços grupais em um foco único, pudemos ver as coisas começando a acontecer. Uma reserva levou a outra e a outra. Por fim, o vídeo do guru viralizou. E então Thomas Davis, dos Panthers, ligou. Ele assistia aos meus vídeos há anos e achou que eu poderia trazer alguma inspiração para a equipe. Kaleb Thornhill, do departamento de desenvolvimento de jogadores do Miami Dolphins, ligou. Stephen Tulloch, que era linebacker do Detroit Lions, ligou. Ele assistia aos meus vídeos desde a faculdade. E, da NBA, Lawrence Frank, que estava treinando no Pistons, ligou.

Embora estivéssemos trabalhando e dando duro por anos, quando o sucesso chegou, parecia uma onda louca vindo em nossa direção. De repente, estávamos nos afogando em oportunidades.

O engraçado é que não tínhamos um plano além de fazer sucesso. Não sabíamos como ele seria, e sendo assim não sabíamos como nos preparar. Então, nós apenas inventamos tudo enquanto avançávamos. Quando as pessoas começavam a ligar querendo agendar conosco, diziam a CJ para “enviar o contrato”. Mas nunca havíamos lidado com um contrato. Então CJ ligou para LaShanna Fountain, uma mulher da minha igreja que estava na faculdade de direito na época, e ela nos ajudou a juntar nossos documentos oficiais. Nós não tínhamos um site e não sabíamos como construir um, então, quando um fã nosso, um garoto chamado Courtney Ray, ligou e se ofereceu para fazer um site de graça, nós aceitamos. Não tínhamos um logotipo, então, certa manhã, CJ o desenhou no verso de seu cartão de visita enquanto estava sentado em seu carro esperando o início de uma reunião.

Cada vez que algo novo surgia em nosso caminho, apenas nos sentávamos e aprendíamos como fazer. Os negócios podem ser complicados. Mas também podem ser simples. Comece onde você está com o que você tem. E o que você tem é muito. Martin Luther King Jr. disse: "Você não precisa ver toda a escada, apenas dê o primeiro passo." Essa é uma lição para a vida e para os negócios. Um passo levará a outro. Você não precisa começar com toda a magia da mais recente tecnologia. Você não precisa ter um grande orçamento. No começo, veja o que você tem acesso e use isso. Depois de cuidar do próximo passo, seja lá o que vier a seguir, virá.

Grande parte do que nos tornou bem-sucedidos é nossa mentalidade fragmentada e trabalhadora. Sempre nos preocupamos em fazer o trabalho, mesmo que seja com fita adesiva e cola. Antes de começarmos a trabalhar neste livro, não tínhamos nenhuma conexão com o mundo editorial ou qualquer ideia real de como fazer um livro, mas sabíamos que todos os outros palestrantes motivacionais já tinham publicado. Então, escrevemos nossos próprios livros e os publicamos nós mesmos. Na primeira tentativa, tudo foi enviado para minha casa em Lansing. No dia da entrega, um caminhão semirreboque entrou na minha vizinhança e deixou milhares e milhares de exemplares. Minha garagem estava tão cheia de livros que Dede não conseguiu mais colocar o carro. Todos os dias, nos sentávamos e eu assinava centenas deles enquanto CJ e Karl os embalavam e despachavam pela taxa fixa do USPS. Quando íamos a eventos, eu os colocava no porta-malas do carro e os vendia direto de lá. Vendemos mais de 300 mil cópias dessa forma.

Esse tipo de processo, o de fazer tudo sem qualquer preparação, não funcionará para sempre, mas, no início, o empreendedorismo é uma questão de tentativa e erro. Trata-se de descobrir qual é o trabalho, então realizá-lo. Trata-se de se colocar em território milagroso repetidas vezes para ver que tipo de oportunidades existem. Ser bem-sucedido nos negócios tem muito a ver com a disposição de aprender no trabalho, de experimentar e de tentar novamente quando a experiência falhar. Mas, quando o experimento for bem-sucedido, você poderá considerá-lo um modelo de crescimento.

O vídeo do guru foi um experimento e levou alguns anos para entendermos o resultado, mas, assim que o fizemos, tínhamos um plano de como seguir em frente. Depois do sucesso do vídeo, CJ percebeu que precisávamos de outro sucesso. Nenhum artista quer ser uma maravilha de um sucesso só, então CJ começou a desconstruir o que fazia tanto sucesso em minhas mensagens. Já estávamos gravando minhas apresentações há vários anos, então ele as examinava e encontrava meu material mais impactante. A partir daí, ele dizia a Karl como cortar e editar um vídeo, Karl o fazia, postava no YouTube e divulgava para o mundo. Entre nós e nossa equipe de mídia, experimentamos Facebook, Instagram, Snapchat, TikTok e todas as outras plataformas digitais que surgiram desde então. Às vezes funciona, às vezes não. Mas sempre vale a pena tentar, porque, afinal, a experimentação é um território milagroso.

Saia com as Pessoas do Ramo

Enquanto CJ estava trabalhando para divulgar meu nome, Karl e eu estávamos cuidando de nossas coisas na Michigan State. A esposa de CJ, Candis, tinha um emprego no interior do estado de Nova York, então ele estava trabalhando sozinho nos bastidores. Para ser honesto, eu ainda não estava em um estado de espírito empresarial. Eu trabalhava duro, mas não estava necessariamente focado em ganhar dinheiro ou aprender os meandros da criação e execução de sistemas. Estava recebendo muitos convites para ministrar palestras, mas ainda não estava operando com uma estratégia real. Até então, o nível da nossa rotina compensava o fato de não termos um plano real para o futuro. No entanto, quando comecei a trabalhar com Dan Gilbert e Bill Emerson, a venda caiu dos meus olhos.

Depois de receber ajuda do meu parceiro Tony no treinamento corporativo, ele me apresentou a Dan e Bill e eles me acolheram em seu grupo quase imediatamente. Eles me ofereceram um escritório bem em frente ao deles. Acho que teve algo a ver com a conexão com a Michigan State e Detroit, mas também porque eles viram algo em mim que acharam que valia a pena investir. Acredito que eles viram minha excelência e queriam me ajudar a alcançar o próximo nível. Eles reconheceram que eu tinha um dom e se sentiram compelidos a me ajudar a desenvolvê-lo.

Isso foi em 2012. Naquela época, o centro de Detroit ainda estava bastante morto. Algumas coisas novas começaram a surgir, mas, na maior parte, parecia uma cidade-fantasma. Dan e Bill estavam comprando propriedades em toda a cidade por meio de sua imobiliária, a Bedrock. O prédio deles em Woodward ficava bem no coração da cidade e era enorme. A primeira vez que Karl e eu entramos, parecíamos crianças, boquiabertos, olhando para tudo. Era como um mundo alienígena. Todo mundo estava vestido igual, todo mundo parecia igual, todo mundo falava igual. Parecia que todas as pessoas naquele lugar acreditavam na mesma ideia. Em cada cômodo, havia uma parede colorida pintada com os "SGSI" da empresa, as crenças e missões nas quais eles estavam focados naquele ano. Eles publicavam um manual anual que descrevia o que eram os novos SGSI e como seriam realizados. Havia uma equipe gráfica, uma equipe de mídia, uma equipe de marketing e uma equipe de pessoas que se juntavam para ter ideias.

Nunca vou esquecer, um dia alguém puxou Karl e eu para uma reunião para que pudéssemos ouvir sobre uma ideia que eles estavam conceituando. Um monte de gente estava conversando sobre a criação de uma bolsa de valores para sapatos — um lugar que as pessoas pudessem acessar para comprar e vender sapatos da mesma forma que você pode comprar e vender ações da Tesla ou uma obra de arte em um leilão. Karl e eu pensamos que eles eram malucos. Eu uso Jordans. Não sou ignorante sobre a cultura dos tênis. Mas também pensei que os jovens dos conjuntos habitacionais não iriam para a internet começar a trocar sapatos. Eles iam até a loja como todo mundo, pegavam sua senha e ficavam na fila para comprar o produto. Naquela noite, Karl e eu voltamos para casa balançando a cabeça, pensando que aqueles caras tinham enlouquecido.

Nessa reunião foi concebido o mercado online StockX; desde então, ele foi avaliado em US$1 bilhão. É assim que era estar em uma empresa de verdade todos os dias.

Estar no escritório de Dan e Bill era como estar em um acampamento de negócios — desde aprender o jargão até ver como as reuniões aconteciam e entender como as pessoas interagem em um ambiente corporativo. Eu costumava pensar que eles só pensavam em Quicken Loans e em ser donos do Cleveland Cavaliers. Mas eles atuam em dezenas de áreas diferentes. Na época, eles tinham cerca de trinta negócios — bancos, esportes, imóveis, hipotecas. Dan Gilbert é a única pessoa que conheci que tinha três assistentes executivos. Houve dias em que vi Warren Buffett entrando no escritório, onde me reuni com os principais membros da equipe. Kyrie Irving apareceu. Chauncey Billups apareceu. Mark Jackson, você escolhe. E éramos tão novos no jogo que apenas nos sentávamos e fazíamos todas as perguntas possíveis a eles, absorvendo o conhecimento.

Uma das lições mais valiosas que aprendi ao vislumbrar esse mundo foi que não havia nenhum negro naquele alto escalão. Aprendi que tínhamos muito trabalho pela frente para nos colocar nos lugares onde as decisões estavam sendo tomadas. Embora eu não me visse naquelas salas, sabia que precisávamos nos colocar nelas. Em vez de ficar frustrado, fiquei animado com a perspectiva de mudar esse paradigma. Entrar ali me deu outro nível de confiança e crença. Entrei naquela sala porque estava fazendo o trabalho que me propus a fazer.

O que Karl e eu tivemos foi uma oportunidade à la carte de pegar qualquer assunto que quiséssemos em um determinado dia e aprender sobre ele. Nenhum de nós estava familiarizado com a linguagem dos negócios. Tenho paixão e habilidade para contar histórias, mas não possuía o tipo de linguagem e vocabulário de Tony Robbins e Zig Ziglar. Em primeiro lugar, não cresci em uma cultura branca e, em segundo lugar, não frequentei uma faculdade de administração. As siglas de marketing por si só eram novidade para mim. Sentados naquele grande escritório, começamos a captar as dicas e os códigos culturais que se tornaram naturais para os empresários. Tínhamos acesso a todos os recursos que podíamos imaginar — editores, redatores, um departamento de arte, conexões com a mídia. Conseguimos ingressos para jogos da NBA, sentados logo atrás de LeBron durante os playoffs. Era como se tivéssemos passes para os bastidores 24 horas por dia, 7 dias por semana. O tipo de experiência que tivemos trabalhando com Dan e Bill abriu nossos olhos para o que seria possível se começássemos a montar uma estratégia e uma equipe.

Enquanto isso, contratamos LaShanna, a estudante de direito que nos ajudou no começo, depois que ela se formou na faculdade de direito e passou algum tempo trabalhando para a BET em DC. Natural de Atlanta, ela preencheu muitas lacunas que simplesmente não havíamos pensado em termos de negócios. Ela reuniu operações jurídicas, necessidades de RH e nos ajudou a criar estratégias de como nosso negócio poderia ser. Hoje, ela atua como nossa diretora de operações. E, enquanto ela estava descobrindo a logística, CJ estava aprendendo suas próprias lições sobre como fazer negócios. Karl e eu podíamos absorver o vocabulário e as ideias, mas CJ sabia que, se quiséssemos ganhar dinheiro e administrar um negócio adequado, precisávamos ser mais focados e estratégicos sobre como estávamos criando e colocando o trabalho no mundo.

Ele começou a estudar os negócios de outros palestrantes motivacionais e percebeu que eles quase sempre operavam em um modelo de participações pagas. Se você for ao site de um palestrante, receberá alguma amostra grátis de algo — alguns minutos de conteúdo, um trecho de uma mensagem, o início de um plano passo a passo — e então, quando estiver fisgado, você tem que pagar para continuar. Nosso negócio não foi constituído assim. Como começamos na era digital, sempre competimos com um mar de conteúdo gratuito. Sempre distribuímos conteúdo, não apenas pelo espírito do ministério, mas porque estávamos tentando atrair uma audiência. Muitos palestrantes estabelecidos já tinham uma audiência construída, então podiam se dar ao luxo de exigir que as pessoas pagassem.

CJ não formula estratégia de negócios no sentido de P&Ls e previsão tradicional — LaShanna assumiu esse papel. Em vez disso, ele tem uma intuição profunda para marketing e branding e sabia que, se conseguisse divulgar meu nome no mundo, poderíamos gerar receita e descobrir o resto à medida que avançássemos. Ele sabia que, em vez de tentar ir até as empresas e negócios corporativos da Fortune 500, se concentrássemos nossa energia em criar nosso próprio conteúdo e divulgá-lo para o mundo, essas empresas viriam até nós. Assim que o telefone começou a tocar, começamos a realizar nossos próprios eventos e ouvir o que nossos apoiadores precisavam de nós.

Para todos nós, aprender sobre o que faz nosso negócio funcionar e como o dinheiro é ganho em nosso campo específico foi um passo necessário para alcançar o próximo nível. Para sustentar nossas vidas, nossas famílias, o próprio negócio, precisávamos mergulhar no conhecimento de como os negócios são conduzidos. Em algumas áreas, é necessário ter uma educação real. Você não pode simplesmente aparecer em um hospital para ser enfermeiro ou médico — é preciso se familiarizar com a área antes de poder participar dela. Na minha área, no entanto, você pode simplesmente dar as caras e ser um palestrante motivacional. Não necessariamente no mesmo nível, mas você pode falar e as pessoas em algum lugar ouvirão. Da mesma forma, qualquer um pode abrir um negócio. Qualquer pessoa pode ir à Câmara de Comércio e preencher a papelada. Mas mais de 50% das empresas falham porque seus proprietários não dedicaram tempo para saber o que precisam fazer. Eles não estudaram a indústria da qual fazem parte. Eles não são obcecados com seu ofício e seu campo.

Não pense no que pode acontecer em um mês ou um ano. Concentre-se nas 24 horas à sua

frente e faça o que puder para se aproximar de onde deseja estar.

Comece descobrindo o que você vai fazer e do que precisa para que isso seja feito. O treinador de um time de basquete sabe o que precisa antes mesmo de começar a treinar. É necessário ter doze jogadores. Um armador, um ala-armador, um ala-pivô, um ala e um pivô. Então é preciso saber se o time é ofensivo ou defensivo. Com base nesse modelo, você descobre o que precisa fazer para que sua equipe e estratégia funcionem.

Em minha área, sabíamos que queríamos equipar e capacitar a pessoa comum com a energia necessária para enfrentar o dia. E sabíamos que precisávamos de uma maneira de distribuir esse conhecimento, o que significa que precisávamos de pessoas que soubessem como trabalhar com as mídias sociais. Precisávamos de pessoas que fossem boas em filmar e produzir. Precisávamos de pessoas que entendessem de tecnologia para unir esses mundos.

Mas, claro, o conhecimento simplesmente não é bastante para administrar um negócio. Você precisa de gente que saiba fazer um trabalho, você precisa de gente que saiba executar. É aqui que a *Flight Assessment* é útil. As melhores equipes têm uma variedade de tipos de personalidade — o Piloto para conduzir a operação, o Controlador de Tráfego Aéreo para orientar o progresso da equipe, o Comissário de Bordo para garantir que os relacionamentos estejam funcionando sem problemas e a Equipe de Solo para fornecer suporte.

Como atrair a equipe certa? Em parte, trata-se de operar com excelência. Ninguém queria jogar pelo Cavs nos anos 1990. Mas então LeBron apareceu. Nem todo mundo queria jogar pelo Golden State, mas então os Splash Brothers apareceram. Quando você executa em nível de excelência, as pessoas querem começar a trabalhar para você. Quase todas as boas ideias começaram com uma pessoa apaixonada por torná-las reais. A paixão é atraente e traz as pessoas para o seu lado.

Atrair as pessoas certas também é cercar-se de gente bem-sucedida no que faz. Não importa em que campo estejam, as pessoas apaixonadas e que geram lucros em suas vidas profissionais terão lições para compartilhar com você. Apenas por estar em um novo ambiente com novas pessoas, você ouvirá sobre novos modos de pensar, novas palavras e novas perspectivas sobre a vida e o trabalho. Mesmo que não se apliquem ao seu interesse específico, saber como as outras pessoas pensam — tanto aqui quanto em outras partes do mundo — é valioso para moldar sua própria maneira de pensar e fazer negócios. Veja com quem as pessoas mais bem-sucedidas do mundo andam — outras pessoas bem-sucedidas. Encontros de artistas, gabinetes estratégicos e sociedades profissionais existem por uma razão — para que as pessoas nessas áreas compartilhem conhecimento e novas ideias. Imerja em seu campo específico. Descubra onde estão as pessoas mais bem-sucedidas e o que elas estão estudando. Vá a uma conferência ou palestra ou leia um livro de um líder na área. Cerque-se do material e das pessoas com quem deseja aprender e imitar.

Conheça o seu Valor Literal

Quando comecei a ganhar dinheiro com palestras, não tinha certeza de como processar o significado disso. Fiquei entusiasmado por ter a oportunidade e qualquer tipo de compensação. Não pensei muito sobre minhas taxas porque estava muito grato por ter uma. Peguei o que me foi dado. Se a MSU me pagasse US$800 para que eu viesse falar, minha taxa seria de US$800. Se eles aumentassem para US$1.500, minha taxa seria de US$1.500. O fato de eu estar sendo pago foi uma grande mudança em relação aos anos passados na igreja e nas escolas como pastor e conselheiro. Mas um encontro com o autor de autoajuda e palestrante motivacional Bob Proctor mudou a forma como eu pensava sobre mim mesmo e meu valor literal.

Em 2012, comecei a trabalhar com a Verve, uma empresa de marketing. Meu contrato com eles era agradável. Eu faria quatorze apresentações por ano por US$140 mil. Eles não apenas me dariam um cheque de US$140 mil, mas também levariam minha família e eu de primeira classe, nos hospedariam em uma suíte de hotel e pagariam minhas despesas enquanto eu estivesse trabalhando. Se estivéssemos próximos à água, teríamos um quarto de frente para o mar. Se estivéssemos em uma cidade, poderíamos ver o horizonte. Um Cadillac vinha nos buscar e, quando entrávamos em nossos quartos, sempre havia um belo presente esperando por nós. Eu nunca tinha experimentado esse tipo de luxo. Comparado com tudo o que experimentei até aquele momento, pensei que tinha chegado lá.

Em uma dessas apresentações, eu estava nos bastidores quando Bob Proctor veio até mim. Ele me perguntou diretamente: "Quanto você cobra?" Eu disse a ele que deixava as empresas me dizerem o valor. Ele disse que não recomendaria isso e me disse que cobrava US$20 mil por contrato. Ou pelo menos foi o que pensei ter ouvido. Eu fiquei atordoado.

De onde eu venho, ninguém ganha tanto dinheiro. Meus pais provavelmente ganharam US$70 mil ou US$80 mil no final de suas carreiras. Pensar que eu poderia conseguir tanto dinheiro para quatro palestras parecia loucura. Mesmo meus amigos médicos e advogados não estavam recebendo tanto dinheiro. Quando as empresas ligaram e CJ disse a eles nossa nova tarifa, começamos a recebê-la. Fiquei pasmo ao ver que as empresas estavam dispostas a me pagar tanto. Uma parte de mim pensou que, porque Bob Proctor era branco, ele certamente poderia fazer isso, mas, quando pedi, recebi também.

Três ou quatro meses depois, encontrei Bob novamente em uma conferência, e ele me puxou para o lado e perguntou como estava indo meu trabalho. Agradeci o conselho e disse que havia aceitado sua recomendação de pedir US$20 mil por trabalho. Ele disse: "Eu nunca disse para você cobrar US$20 mil. Eu disse que você não deveria cobrar menos de US$20 mil." Fiquei tão concentrado no número que não ouvi o que ele realmente estava dizendo. E o que ele realmente estava dizendo é que não havia teto. Isso explodiu minha mente. Ninguém nunca havia me dado esse tipo de informação voluntariamente. Isso me abriu para um mundo totalmente novo.

É assim que você se torna um imã de grandeza. Quando você começa a se comportar, falar e parecer grandioso — uma vez que você coloca na sua cabeça que quer ser grandioso — você começa a atrair grandeza. Você começa a entrar em ambientes onde Bob Proctor aparece e fala com você. Quando sua obsessão pela grandeza é real — quando não é uma fachada e quando não se trata de desejos extrínsecos — você encontra pessoas que compartilham sua mentalidade comum e sua ética de trabalho. Você atrai o que você é. É preciso grandeza para atrair grandeza.

O sucesso nunca está com desconto.

A grandeza nunca está à venda. A grandeza nunca existe pela metade.

A maneira como eu via meu valor antes era de um lugar de gratidão. Me sentia feliz por estar no ambiente. Não é que eu não soubesse que homens brancos na mesma área com menos talento do que eu ganhavam mais — eu sempre tive consciência disso —, apenas sabia que não estava em posição de dizer não a qualquer tipo de taxa. Há uma hierarquia nos Estados Unidos. E os homens negros não são os que preenchem os cheques no mundo corporativo. Mesmo quando comecei a trabalhar na NFL, eram os jogadores que me pagavam do próprio bolso para falar com seus times. Eu sabia que estava fazendo de graça o que os homens brancos faziam por gordos pagamentos diários. Mas eu também sabia que entrar naqueles vestiários e fechar apresentações com a liga — sem me importar com quem estava assinando o cheque — compensaria à sua maneira. No final, ganhei credibilidade e ganho o que valho.

Seu valor geralmente está embutido em sua diferença. No meu caso, entro em uma sala e as pessoas naquela sala se identificam comigo porque somos do mesmo lugar. Um palestrante branco de terno não pode entrar em vestiários e falar com os caras com quem converso e conseguir a mesma ressonância. Um coach corporativo não pode entrar nas universidades que frequento e chamar a atenção dos jovens com quem falo. Cresci nos mesmos bairros e frequentei as mesmas escolas que aqueles jogadores e jovens. Cresci com minha cidade afetada pela violência de gangues. Tenho tios e primos na prisão. Cresci sem meu pai biológico. Eu sei do que se trata essa vida. A vida não é uma escada de cristal, como diria Langston Hughes. Para grande parte do meu público, pareço e soo familiar e, mesmo que não pareça, temos algo em comum — somos humanos vulneráveis que passaram por momentos difíceis. E pessoas que passaram por momentos difíceis se reconhecem ao se verem. Eu enxergo você. Você me enxerga.

Para continuar progredindo, é necessário reavaliar constantemente seu conjunto e nível de habilidade em relação ao seu valor. Se você não se valoriza, ninguém mais vai valorizá-lo. Informe-se sobre quais são as taxas do seu setor. Entenda o que é preciso para alcançar cada taxa e superá-la. Mantenha-se em um padrão e avalie se você o está atingindo. Depois de saber o seu valor, peça por ele. Se você sabe que seu valor não está sendo alcançado, pondere o valor não alcançado em relação aos benefícios e custos do trabalho. Se os benefícios — digamos, conexões, incentivos, oportunidades de crescimento — superam os custos, talvez o valor monetário perdido possa ser compensado na experiência do trabalho. Se os custos superarem esses benefícios, permaneça firme na crença de seu valor.

Claro, nem todas as oportunidades podem ser baseadas apenas em dinheiro. Às vezes, elas vêm com valor intangível. Quando consegui meu primeiro emprego na Quicken Loans, estava muito abaixo da minha taxa porque fui contratado não pela empresa em si, mas por um funcionário encantado pela ideia de me receber como palestrante. Sabendo que era uma maneira de colocar meu pé na porta, aceitei a apresentação. Trabalhei muito de graça para chegar onde estou e ainda realizo trabalho gratuito quase todos os dias. Esse é o tipo de coisa que agrega valor e me mantém no hábito de praticar meu propósito. Não acordo todos os dias para receber. Acordo todos os dias para caminhar no meu propósito.

Você nunca terá sucesso até que não precise ganhar um centavo para fazer o que faz.

Mantenha a Perspectiva

Depois que comecei a ficar conhecido na NBA e na NFL, comecei a receber ligações de celebridades. P. Diddy, Tyrese Gibson, Reggie Bush — todos eles estavam me ligando na Michigan State. É aí que você sabe que conseguiu — quando P. Diddy está ligando para o seu escritório na universidade. Recebi ofertas para ir ao set de filmagem, voar em um avião particular e relaxar em Cali, mas essa nunca foi minha vida. Sempre acreditei que precisava manter o foco em minha própria rotina. Claro, fico superlisonjeado quando recebo o convite, e isso me deixa animado e me faz sentir validado, mas não preciso gastar meu tempo de inatividade com multimilionários que já atingiram seus objetivos. Eu estou tentando chegar lá. Não preciso ver como é essa vida porque estou tentando construir a minha própria.

Quando você começa a ter sucesso financeiro, precisa manter a perspectiva. Se você fez seu trabalho desde o início — ouvindo seu eu mais íntimo, permanecendo autêntico em seu porquê, avaliando consistentemente seu progresso, seu propósito e nutrindo seu poder — seu sucesso deve ser apenas uma bênção. A riqueza pode ser complicada, especialmente se você não se conhece ou não dedicou tempo para realmente entender seu porquê, seu propósito e o que deseja além do dinheiro.

Muitos dos atletas com quem trabalho recebem grandes salários no início de suas carreiras. De repente, eles têm mais dinheiro do que sabem o que fazer com ele, luzes brilhando em seus rostos e a mídia monitorando seu modo de se vestir, seus tweets e suas vidas sociais. A maioria desses rapazes são jovens que estão entrando em suas mentes e emoções adultas. O adolescente médio tem dificuldade em lidar com essa transição, imagine adicionar dinheiro e fama a isso? A perspectiva não é fácil.

Quando você cresce como atleta, o foco é único: chegar à liga. Mas, uma vez que muitos atletas alcançam esse objetivo, há pouca orientação sobre como administrar riqueza e fama. Chegar a qualquer liga significa considerar-se um negócio. Significa encontrar equilíbrio dentro do sucesso para manter o sucesso. Dou ao meu pessoal da liga esta perspectiva: você tem uma data de validade. Você tem 18, 19, 20, 21 anos, e sua carreira provavelmente atingirá o pico antes dos 35. Aí eu pergunto: como serão suas vidas após a liga?

A Vida Após o Sucesso Pede que Você Pense Como um Empresário

Quando você experimenta o sucesso, a jornada não termina aí. Indiscutivelmente, você deve trabalhar para proteger o que conquistou com ainda mais estratégia do que no princípio. Ironicamente, a vida após o sucesso pode ser difícil. Quando você alcança o que se propõe a fazer, como continua a progredir?

Você primeiro deve se lembrar por que começou a trabalhar para ter sucesso, e isso é o mais importante. Isso significa reorientar seu propósito e seu porquê. Só porque você subiu a um certo nível não significa que seu propósito ou seu porquê desapareceram. Eles continuam a ser o combustível por trás do seu progresso contínuo. Você não pode deixar que o sucesso o distraia de ambos. Você não pode deixar que as armadilhas do sucesso tirem seu foco.

Para mim, o sucesso não é apenas sobre dinheiro, estabilidade e validação. O sucesso é sobre realização pessoal. Quando dou coach a atletas ou CEOs de sucesso, aponto para a hierarquia de necessidades de Abraham Maslow. A hierarquia coloca as necessidades fisiológicas — abrigo, alimentação etc. — na base. As necessidades de segurança estão acima disso, depois vêm o amor e o pertencimento, a seguir vem a estima e, finalmente, no topo, está a realização pessoal. Na realidade, a maioria dos atletas garantiu as duas camadas inferiores da pirâmide. Embora os esportes sejam valorizados na sociedade e ser um atleta profissional seja igual ao status de celebridade, a maioria dos atletas está lidando com as mesmas dificuldades que as pessoas que têm empregos normais — gerenciamento de tempo, sentir-se aceito e amado, ganhar confiança. Os dois principais problemas com os atletas é que o dinheiro tem a capacidade de criar uma fachada de estabilidade. Pode criar a miragem da concretização. O foco singular de chegar à liga e depois permanecer nela o maior tempo possível pode distraí-los de subir na hierarquia de necessidades em direção às funções cerebrais.

Quando o tempo na liga chega ao fim, a ruptura entre a psique e a realidade estabelecida torna-se visível. Existem inúmeras histórias de jogadores que deixaram os esportes profissionais e se sentiram perdidos sem a estrutura de um cronograma ou o foco singular de manter seus corpos em boa forma física. Drogas, dívidas e divórcios formam uma linha comum nessas histórias. Isso não é incomum para aqueles que chegaram ao equivalente de sua "liga", não importa qual seja a profissão. Quando atingem o nível mais alto de sucesso e riqueza, a perspectiva e o propósito podem ser ameaçados se a autorrealização não for alcançada.

Um dos meus exemplos favoritos sobre autorrealização é meu amigo Jemal King. Hoje, Jemal atende pelo nome de "the 9 to 5 Millionaire". Jemal é de Chicago e cresceu na década de 1980 como um atleta muito talentoso. Ele foi recrutado para a NFL, mas, em seu primeiro ano de faculdade em Western Illinois, ele sofreu uma lesão que acabou com sua carreira. Jemal passou para a próxima profissão mais lógica: tornou-se policial. A polícia de Chicago estava em seu sangue. Sua mãe, pai e irmãos eram ou são todos policiais em Chicago. Ver seus amigos serem convocados pela NFL foi difícil, mas ele sabia que não ficaria para trás. Durante anos, Jemal esteve em uma rotina. Ele e a esposa economizaram dinheiro e acabaram comprando alguns imóveis. Então os dois compraram mais alguns. Jemal ficou milionário enquanto trabalhava em tempo integral no Departamento de Polícia de Chicago. Mas, depois de alcançar sucesso e estabilidade monetária, ele não parou por aí. Ele abriu creches para os bairros em que trabalhava. Em seguida, começou a treinar alunos nas escolas vizinhas para ensiná-los o básico sobre imóveis para que pudessem comprar de volta seus próprios quarteirões e cuidar de seus próprios bairros. Hoje, Jemal vive na Millionaire's Row, em Chicago, um lugar onde homens como ele não sonhariam em viver um século atrás. Hoje, ele não é apenas bem-sucedido, mas realizado. Ele tem um porquê. Ele caminha em seu propósito.

Hoje, podemos observar o modelo de tantos atletas cuja carreira física é temporária. Pessoas como LeBron James, Dwyane Wade e Chris Paul — esses caras tiveram carreiras que os colocarão na categoria dos melhores de todos os tempos, mas não permitiram que suas habilidades atléticas fossem o único fator em seu desenvolvimento como humanos.

Mesmo em seus momentos de maior sucesso, você deve voltar ao seu porquê. Esses são os momentos em que focar seu propósito o manterá se movendo em direção às partes de si mesmo que são reais e verdadeiras. Se você estiver ouvindo o mundo exterior — os fãs, a mídia, os pessimistas —, não será capaz de ouvir a si mesmo ou ver o seu caminho no propósito.

Aprenda com os seus Antepassados

Em 2012, eu estava constantemente fazendo apresentações para os times da NFL. Mais e mais corporações estavam entrando em contato, e eu parecia estar em território milagroso o tempo todo. E então recebi uma ligação de Les Brown.

Les Brown é uma lenda no mundo da palestra. Na minha comunidade, ele é o melhor de todos os tempos. O primeiro afro-americano a realmente fazer sucesso no mundo moderno de palestras motivacionais, Les é respeitado como um guru profissional e de negócios. Les e seu irmão gêmeo nasceram em um prédio abandonado em Liberty City, Miami. Ele foi adotado por uma mulher chamada Mamie Brown, que trabalhava para famílias brancas como empregada doméstica, trazendo para casa restos de comida e roupas de segunda mão. Les foi declarado "neurodivergente educável" na quinta série e enviado de volta para a quarta série. Nunca passei por uma situação tão ruim quanto a de Les, mas pude me conectar com sua história e me senti próximo a ele mesmo sem conhecê-lo.

Quando ele ligou, lembro-me de pensar: *Ok, é isso, vamos lá.* Quando Les disse que queria estabelecer uma relação, fui para Orlando três dias depois com Karl. Agimos como se tivéssemos negócios na área e conseguimos um bom quarto de hotel para passar o dia, embora fôssemos ficar lá por apenas oito horas, mais ou menos. Esperar a chegada de Les era como estar vestido para o baile de formatura, esperando seu acompanhante na porta. Estávamos nervosos. Quando ele chegou lá, se parecia com Les Brown. Nunca dá pra saber se o que a gente vê na TV ou em fotos é real, mas lá estava ele, em carne e osso. Ele entrou, deu um abraço em nós dois e estava pronto para trabalhar. Eu o entrevistei por cerca de trinta minutos diante da câmera. Conversamos sobre encontrar um porquê — o dele era cuidar de sua mãe e deixá-la orgulhosa —, descobrir o que você quer fazer, contar ao mundo e depois acordar todos os dias e ir atrás disso. Conversar com Les foi um sonho realizado.

Quando a câmera foi desligada, Les se virou para mim e me disse que tinha algumas palavras de conselho. Muito francamente, ele me disse que eu tinha tudo para ser o melhor do mundo, mas que havia coisas nas quais eu poderia trabalhar para chegar ao próximo nível.

Primeiro, ele me disse que eu precisava valorizar minha diferença. Ele disse que a comparação é o ladrão da felicidade e da alegria. Les me garantiu que minha experiência como homem negro nos Estados Unidos me levaria a um nível diferente, não apenas porque havia pessoas negras nos negócios que precisavam ouvir a minha história, mas porque nossa história, nossa cultura e nossa visão de mundo foram todas relevantes para as lutas de tantas pessoas. As pessoas precisavam ouvir sobre minha própria jornada para o sucesso para saber que também poderiam chegar até lá. Les me garantiu que, assim como há vantagens em ser um arremessador canhoto em um jogo para destros, há vantagens em ser um homem negro em um negócio de brancos. Ele me disse que eu poderia focar essas vantagens e aproveitá-las.

Em segundo lugar, Les me disse que eu precisava me valorizar financeiramente. Ele me perguntou quanto eu estava cobrando e eu lhe disse. Mesmo depois da aula com Bob Proctor, Les me disse que eu ainda estava me subestimando. "Você deveria cobrar US$50 mil em território nacional e US$100 mil no internacional", disse ele. Meu queixo caiu. Ele me prometeu que era justo e que, como eu trouxe algo totalmente exclusivo para a indústria, eu era mais valioso do que provavelmente imaginava. Mas ele também reforçou a ideia por trás disso: ninguém vai me valorizar se eu não me valorizar. Cabe a mim dizer às pessoas o quanto valho.

Deixei a ficha cair. Naquele dia, senti que Les estava me apoiando. Les é o OG, e naquele dia me vi na posição de receber a tocha do homem que foi mais longe do que qualquer outro em nossa comunidade. Ouvi-lo reafirmar meu trabalho e me validar em um nível que ninguém mais no mundo poderia entender me deu o fogo de que eu precisava para perseguir meu objetivo.

Voltei ao trabalho.

Abrace Ser um Estranho

No início, quando comecei a me aprofundar nos livros de desenvolvimento pessoal e sabia que queria estar na indústria de palestras motivacionais, pesquisei quem era grande no campo — passado e presente. Naquela época, eram Earl Nightingale, Zig Ziglar, Brian Tracy, Wayne

Dyer, Bob Proctor, Jim Rohn, Stephen Covey e Les Brown. Cada uma dessas pessoas, exceto Les, eram homens brancos. Olhando de fora, entrar naquele setor parecia uma tarefa intransponível.

À medida que crescia e desenvolvia minhas habilidades de fala, o hip-hop também crescia e se desenvolvia. Quando cheguei à Oakwood em 1989, o hip-hop estava se enraizando de maneira importante. Pode não ter sido popular como é hoje, mas na comunidade negra era tudo. O hip-hop estava contando a história de nossa cultura de uma forma que nunca havia sido contada antes. Estava dando ao mundo outra perspectiva além da experiência branca. Na mesma época, a televisão negra também estava começando a decolar. Quando eu assistia à TV enquanto crescia, eram personagens predominantemente brancas vivendo em culturas brancas. Quando os Cosbys apareceram, depois Um Maluco no Pedaço e depois Martin, ficou óbvio que havia ânsia de se ver o mundo de outra perspectiva.

Vendo tudo isso e também como o mundo da palestra motivacional era unidimensional, eu sabia que havia um espaço para mim. A maioria dos palestrantes da época falava em nível corporativo para pessoas interessadas em negócios. Ninguém estava falando sobre desenvolvimento pessoal e profissional no nível da rua. A meu ver, o setor empresarial é grande, com um público enorme e inexplorado. Os palestrantes corporativos brancos não irão para o East Side de Detroit ou para o West e South Side de Chicago. Eles não vão para Gary, Indiana, ou Huntsville, Alabama. Eles não estão chegando aos centros de detenção juvenil ou escolas urbanas. Meu pessoal não estava sendo exposto a esse tipo de pensamento, então vi a oportunidade de fazer isso de uma forma que ninguém mais fez até aquele momento.

Quando você está tentando descobrir onde você se encaixa em seu campo, primeiro veja como você não se encaixa. Quando conversei com

Les Brown, vi que a única razão pela qual não me encaixava era como eu poderia me diferenciar. Quando você se comparar a todos os outros em seu campo, use esse exercício para descobrir onde estão as lacunas. O que falta no seu campo e como você pode entrar nesse espaço e preenchê-lo? Pode ser que precise passar algum tempo consigo mesmo para descobrir o que isso significa. Pare de ouvir todo mundo e se escute. Você pode precisar se voltar para dentro e ficar quieto para ouvir o que deseja dizer. Pode ser necessário bloquear outras vozes para que você possa conhecer a sua própria voz. Depois de conhecer sua diferença, você pode se inclinar até ela e trazê-la para o primeiro plano de seu próprio trabalho.

É sempre a sua diferença que o torna valioso — não apenas teoricamente valioso, mas literalmente valioso. E, uma vez que você conhece o que o diferencia, é de sua responsabilidade obter cada centavo do seu valor. Se você deseja obter o que vale, precisa falar. Você tem que se organizar e se apresentar de uma forma que reflita o seu valor. Isso não necessariamente implica a sua forma de se vestir — posso dizer em primeira mão que não tem nada a ver com isso —, mas significa tudo quando se trata de como você conduz os negócios.

Claro que olhar para dentro pode ser assustador. Reconhecer sua diferença. Sentir não pertencimento. Também pode ser assustador confrontar seu valor e perguntar o que você precisa fazer para se tornar mais valioso, para se tornar ainda mais excelente. Mas, eu lhe prometo, isso o levará a uma nova percepção de si. Quando fiz esse trabalho sozinho, quando olhei para dentro de mim, vi o que eu agregava: trago energia. Trago transparência. Trago reflexão. Não tenho medo de falar sobre minhas próprias vulnerabilidades e desafios. Não tenho medo de contar ao mundo de onde eu sou. Venho de um lugar de busca de cura antes que pudesse chegar a um lugar de busca de riqueza. Sim, você pode ter que enfrentar o medo de ser um estranho ou o medo de não ser aceito. Isso não é uma questão racial. É uma questão humana. Todos nós queremos reafirmação. Todos nós queremos ser valorizados. Todos nós queremos fazer parte de uma comunidade. Mas você não pode permitir que seu medo o impeça de ser você mesmo. Não pode deixar que seu medo o impeça de fazer o que deve ser feito. Você tem que estar disposto a correr riscos para ser ótimo.

Você se Deve Ser Exatamente Quem É

Em 2009, depois de conversar com Bob Proctor sobre quanto eu deveria receber, não senti que poderia pedir US$20 mil ainda, mas desafiei CJ a começar a pedir uma taxa mais alta. A primeira vez que ele pediu US$10 mil, foi de uma empresa corporativa que perguntou se eu estava disponível para falar em um evento formal. Depois que CJ disse a eles a taxa, a agente de reservas disse que confirmaria com sua empresa. No dia seguinte, ela ligou de volta para CJ e disse que minha taxa de US$10 mil tinha sido aprovada. O único problema era que o CEO queria garantir que eu usaria um terno para a ocasião. Nunca vou esquecer CJ me ligando e dizendo que estava tudo acertado; tudo que eu precisava fazer era vestir um terno.

Lembro-me de dizer sem rodeios: "Um terno? Não vou vestir terno nenhum." Tenho que admitir, fiquei um pouco chocado com o fato de C. ter considerado a ideia. Eu lhe disse que ele precisava ligar de volta para a agente de reservas e lhe dizer que eu não poderia usar a roupa. CJ insistiu. Ele sentia que a apresentação era uma vitória, especialmente porque estávamos tentando fazer negócios por muito tempo e finalmente conseguimos, com as taxas que estávamos pedindo. Além disso, na época, estávamos indo bem, mas não estávamos bem de forma alguma.

A empresa era boa, mas não estávamos necessariamente em posição de recusar 10 mil. Mas fui firme. Eu disse a ele para repassar a mensagem: "Se eu tiver que usar um terno, não posso ir." Ele esperou alguns dias e me ligou novamente para ver se eu havia mudado de ideia.

Expliquei de forma direta. Eu disse: "Ei, C., esta é a marca que construímos. O boné, a camiseta e os tênis. É assim que representamos o mundo, e não posso simplesmente começar a mudar isso por dinheiro. Este sou eu." Senti que tinha pago minhas dívidas. Ali eu já estava no jogo há vinte anos. Estava jogando de acordo com as regras por tanto tempo que não queria mais me comprometer. Há coisas em que estou disposto a ceder — a hora, o local, o conteúdo de uma apresentação —, mas minha aparência não é uma delas. Eu senti que, crescendo neste país, meu povo tem se comprometido por muito tempo. Fizemos o A, B e C que o sistema nos pediu e ainda não conseguimos coletar a recompensa? Agora eles querem que façamos D, E e F? Eu estava cansado de dançar conforme a música. A verdade é que, se terno e gravata são tão importantes para você, filosoficamente falando, não sou seu orador. Você está focando o decoro, e eu, o desenvolvimento.

Para ser justo, eu entendi onde CJ queria chegar. Ele estava na casa dos 20 anos e não tão longe na estrada menos percorrida quanto eu. Quando falo sobre isso com ele hoje, ele admite que ficou magoado e frustrado e pensou que eu era louco. Mas eu sabia que precisava me manter fiel ao que mais sou. Eu devia a mim mesmo ser autêntico. Ele pensou que estávamos ganhando dinheiro, mas quando expliquei do meu jeito, ele entendeu.

CJ ligou de volta para a agente de reservas e disse a ela que o boné e os tênis não eram negociáveis. Ela ficou chocada que recusaríamos dez mil por conta da troca de roupa. Eu me senti da mesma forma: você vai me recusar por uma troca de roupa?

Alguns meses depois, CJ recebeu uma ligação de outra empresa. Ele disse à agente de reservas a taxa — que naquele momento era ainda maior que US$10 mil — e ela disse que consultaria à empresa para ver se poderia aprová-la. No dia seguinte, ela ligou de volta para CJ e disse que estava tudo certo, mas havia uma coisa que ela precisava esclarecer. CJ teve a sensação de que ela perguntaria sobre meu boné e tênis, então ele se preparou para a conversa. A mulher do outro lado da linha disse: "Só queremos ter certeza: ele pode usar boné e tênis? É assim que o conhecemos de todos os seus vídeos."

Livre afinal, livre afinal. Não consigo explicar o quão bom foi aquele triunfo. Onde, a princípio, minha dedicação ao meu verdadeiro eu era um passivo, acabou se tornando um trunfo. Agora as pessoas não esperam que eu apareça em uma apresentação corporativa com calça cáqui e uma camisa azul de botão e mocassins só porque é isso que as pessoas usam no escritório. Elas não esperam que eu apareça em uma escola usando uniforme porque é o que os alunos usam. Os jogadores da NFL não esperam que eu apareça em seus vestiários com uma camisa e protetores porque é isso que eles vestem. Eles me pedem para entrar para falar porque eu não sou eles. Eles me pedem para entrar e falar porque eu sou eu.

Sim, pode parecer apenas uma camiseta e tênis, mas há um método na minha loucura. Eu me sinto confortável quando me visto do meu jeito. Eu me sinto bem quando me visto como eu. Eu me sinto eu mesmo quando me visto do meu jeito. Isso é o que eu visto na igreja e nas festas. É o que eu visto nos feriados e formaturas. Se eu mudar o que me faz sentir bem e mais eu mesmo por qualquer quantia de dinheiro, o que isso diz ao meu respeito? Diz que estou disposto a mudar quem sou. Devo a mim ser o mais eu mesmo que posso ser.

O mundo tentará intimidá-lo a se conformar. O mundo tentará fazer com que você sinta que deve seguir uma determinada ideologia ou se assimilar ao popular. Mas você deve a si se manter fiel ao seu eu verdadeiro. Você se torna mais poderoso quando é si mesmo. Eu sou mais poderoso quando sou eu. Você deve isso a si mesmo. Eu devo isso a mim mesmo.

Eu sou chamado de E.T., o pregador do hip-hop, porque vim de onde venho. Porque cresci como cresci. E pelas experiências por que passei. Tudo isso me moldou e me tornou diferente de todos os outros. Eu cresci ouvindo hip-hop, peguei minhas dicas de moda de LL Cool J, Run DMC, UTFO, os Fat Boys. Eu usava boné, roupas de correr e jeans. É por isso que me visto como me visto hoje. Também tirei minhas dicas de linguagem de todas as músicas que cresci ouvindo. Motown e gospel, Queen Latifah, Salt-N-Pepa, Lauryn Hill e Sade. E, quando olhei ao meu redor, vi que isso me dava uma vantagem. O que notei sobre o cenário existente de palestrantes foi como as mensagens soavam acadêmicas. Oitenta por cento da população mundial não possui um diploma de quatro anos, então por que eu usaria linguagem acadêmica se quisesse atrair um público universal? No entanto, entendi que a música é universal. Todo mundo quer ouvir música. Whitney, Aretha — essas mulheres cresceram cantando na igreja, e todo mundo ouve o que quer que elas estejam cantando, não importa qual seja a mensagem. Então pensei em tornar minhas apresentações mais parecidas com a experiência do hip-hop. Peguei um pouco de Biggie, que era contador de histórias. Um pouco de 2Pac, que era poeta. Um pouco do entusiasmo de LL. Peguei emprestada a atitude de Salt-N-Pepa, o orgulho negro de Public Enemy, a alma de Lauryn Hill e a definição de tendências de Run DMC. Fundi tudo isso com o que aprendi ouvindo os palestrantes que mais admirava — MLK e Malcolm X — e, juntando tudo, isso me tornou único. Eu me tornei E.T., o pregador do hip-hop. Fiz da palestra motivacional parte da cultura popular. Da mesma forma que os rappers de Nova York tornaram o hip-hop universal, fiz com que os jovens do quarteirão se interessassem por palestras motivacionais. Mais tarde, CJ, Karl e eu fizemos mixtapes e álbuns, colocando minhas mensagens sobre as batidas e divulgando-as da mesma forma que um artista de hip-hop faria.

Com certeza, meus seguidores começaram com jovens negros que me entendiam e sentiam que podiam se relacionar com minhas experiências. Eles se viram em mim. À medida que o hip-hop se tornou popular e os millennials entraram nessa, eles também me encontraram. E, quando essas pessoas começaram a escalar a cadeia alimentar nos Estados Unidos corporativo, os empresários brancos me encontraram. E a coisa mais engraçada aconteceu: meus seguidores mudaram. Agora, tanto brancos quanto negros me seguem. Eu literalmente surfei na onda do hip-hop para o momento presente, porque esse é o mundo que eu conhecia melhor. Formou minha visão de mundo e minha linguagem. Isso me fez eu. E isso me fez diferente de todos os outros no negócio.

Posso dizer que sou bem-sucedido porque sempre me senti um azarão e um estranho. Mesmo tendo dinheiro, segurança e seguidores globais, simplesmente não consigo tirar o peso do ombro. CJ me descreve como o menor cachorro do quarteirão, protegendo minha comida como se todos quisessem comê-la. Mesmo que eu tenha "chegado lá" entre aspas, aquela sensação de que posso perder tudo ou ter que voltar para o lugar de onde vim nunca desaparece.

Para mim, esse sentimento é combustível. É uma vantagem. Estranhos têm vantagens. Em primeiro lugar, você pode ver o sistema de uma perspectiva que ninguém mais consegue, o que significa que você pode detectar suas falhas e fraquezas. A razão pela qual as corporações trazem empresas de fora para ajudar a consertar as suas é porque uma pessoa de fora pode fornecer um novo ponto de vista. Elas podem fazer perguntas e observações sem o mesmo viés de alguém de dentro. Estranhos e azarões têm a vantagem da ânsia constante. Se você anseia, isso significa que você não pode ficar satisfeito. Se você não pode ficar satisfeito, não pode ficar complacente. Se você não é complacente, tem um motivo para progredir e seguir em frente constantemente.

Você é um Empresário

CJ e LaShanna sempre foram destemidos quando se trata de fazer negócios. Eles olham nos olhos de alguém e dizem sim, não e quanto. CJ examina todo mundo que entra pela porta e, se não passar no teste do olfato, não fica por perto. Ele tem uma habilidade incrível de sentir as intenções das pessoas e sua vontade de trabalhar. E ele não tem medo de dizer a alguém o que pensa sobre eles ou de tomar decisões que levem o peso do negócio.

Karl e eu, por outro lado, vemos o negócio de fazer negócios e reagimos da mesma forma: caminhamos na direção oposta. Quando grandes nomes e equipes começaram a vir até nós — Thomas Davis, Joe Dumars, Lawrence Frank, Detroit Pistons, Miami Dolphins, a Universidade do Alabama — ficamos maravilhados. Foi surreal quando começamos a ser convidados para vestiários, hotéis e coberturas. Entrávamos e víamos a propagação, o equipamento, as equipes cuidando dos detalhes, e sentíamos como se estivéssemos vagando em um sonho. Nunca nos imaginamos dentro desses espaços sagrados com esse tipo de companhia de elite. Era um mundo totalmente novo. E o negócio que o acompanhava parecia grande demais para se envolver. Sempre me concentrei tanto no lado psicológico e intelectual do meu trabalho que nunca me considerei um empresário. Durante toda a minha carreira, eu me vi estritamente pelas lentes do ministério.

Digo isso no sentido filosófico da palavra. Sim, eu era pastor em uma igreja na época, mas estava focado em ministrar a todos — alunos, professores, membros da minha audiência, minha família, atletas, times. Eu estava tão centrado em doar meu dom, que estava perdendo a oportunidade de lucrar com ele. Eu via o dinheiro como algo ruim, algo que andava de mãos dadas com a ganância e a vaidade. Como alguém que internalizou profundamente a fé cristã e a mentalidade de operário, eu via o dinheiro como um vício, não uma virtude.

Na maioria das vezes, nunca precisei me preocupar com negócios porque CJ sempre foi o empresário. Ele avançou consistentemente nesse caminho, consumindo conhecimento e estratégia, assumindo o controle com decisões confiantes e ações decisivas. Como eu não me via nesses mesmos termos e sabia que ele estava cuidando dos negócios, simplesmente permaneci em meu próprio caminho no ministério. Mas, em algum momento, tive que lidar com o fato de estar deixando conhecimentos e habilidades valiosas de lado.

Eu estava sendo passivo sobre minhas habilidades como empresário. Em minha mente, pensava sobre a riqueza de uma certa maneira. Crescendo na comunidade afro-americana, às vezes pensei ou igualei pessoas ricas a proprietários de escravos. Se você olhar para todo o dinheiro ganho com ferrovias, algodão, cana-de-açúcar, indústria e terras que meu povo construiu e trabalhou, pode parecer estranho querer fazer parte do sistema capitalista que o construiu. Cresci associando riqueza a algo ruim. Na Bíblia, sempre há uma dicotomia entre ricos e pobres — é mais fácil um camelo passar pelo buraco de uma agulha que um rico entrar no céu.

Por muito tempo, enxerguei isso de uma única perspectiva: eu tinha que usar meus dons para o bem e o bem significava doar. No entanto, eu não estava me permitindo ver como lucrar com meus dons poderia aumentar minha capacidade de fazer o bem em um nível maior. CJ me colocou desta forma: se eu quisesse fazer mais coisas boas no mundo — mandar crianças para a escola, doar equipamentos para programas esportivos juvenis, comprar instrumentos para programas musicais, montar acampamentos de verão para jovens carentes — eu tinha que fazer dinheiro para sustentar doações desse porte. Por ser passivo em relação ao meu potencial para fazer negócios, estava perdendo oportunidades de avançar em meu ministério.

Quando olhei para trás, pude ver que havia me limitado ao papel de palestrante e ativista. Eu havia me limitado a desenvolver um aspecto seleto da minha carreira. Eu estava tão envolvido com a parte da irmandade da minha vida — viajando com Karl e CJ, dando uma de Madre Teresa — que não estava me enxergando como um empresário. A ideia de ser passional, de simplesmente focar o ministério, era adorável, mas, se eu quisesse me tornar mais, ganhar mais, prover mais, teria que mudar meu paradigma.

Claro, a Bíblia diz que é difícil para um homem rico entrar no céu, mas meu objetivo foi redefinir o que significa ser um homem rico. Fiz de meu objetivo definir o que significa ser um empresário cristão. Eu ainda poderia ser competitivo, agressivo, exigente, rico *e* ser uma pessoa de fé, uma pessoa do ministério.

Na época, eu estava colocando dois ou três jovens na faculdade anualmente por meio de nossa fundação, a School Days. Se eu quisesse colocar cinquenta, precisava ganhar mais dinheiro. Eu tinha uma boa igreja comunitária, mas, se quisesse uma igreja de verdade e um ministério global, precisava ganhar mais dinheiro. Eu tinha economias substanciais, mas, se quisesse deixar um legado para meus filhos, precisava ganhar mais dinheiro. Eu tive que me tornar um empresário.

No entanto, a maior lição para se tornar um empresário melhor surgiu quando voltei a focar o meu porquê. Quando Dede ficou doente, percebi que precisava bolar um plano para não depender apenas de palestrar para uma multidão. Eu precisava de um plano que significasse que eu poderia passar mais tempo cuidando dela, em vez de estar constantemente na estrada. Eu precisava de um plano que fizesse Dede se sentir mais segura e protegida do que nunca. Quando voltei a focar o meu porquê, tornar-me empresário foi a coisa mais natural a se fazer. Em vez de o dinheiro se tornar um vício, tornou-se uma forma de segurança.

Hoje, Dede está mais saudável do que nunca. Passamos todo o nosso tempo juntos, é claro. Ela pega a estrada quando pode e nós moramos metade do ano na Califórnia, onde o clima é bom para o corpo dela. Nossa comunidade veio até nós em seus 120% e cuidaram de nós quando mais precisávamos. Dede ainda está cuidando das coisas também. Ela não sabe como não fazer isso. E estamos mais seguros do que nunca. Não há nada de errado com isso.

Seus Dons São o seu Negócio

Quando você pensa em empresas ou marcas, primeiro vê um produto ou serviço. Um carro. Uma bolsa. Um xampu. Mas, se você olhar por trás desses produtos e serviços, primeiro havia pessoas: Henry Ford, Louis Vuitton, Johnson & Johnson. Um negócio é a manifestação física de uma mente e uma visão. Você pode olhar para uma empresa e ver seu estacionamento, seu prédio, suas mesas e seus elevadores, mas tudo isso são a materialização dos pensamentos e sonhos de alguém.

Mudar sua mente para o modo de negócios significa pensar em si mesmo como um negócio.

Em todos os anos em que me vi como pastor, nunca pensei em meus dons como uma forma de criar produtos e serviços. É claro que, de certa forma, isso foi uma dádiva para mim — ao distribuir meus dons, ganhei uma quantidade absurda de valor intangível e forneci muito para as pessoas que mais precisavam. Mas, para continuar doando aos necessitados, para aumentar minha visão e meu impacto, tive que mudar para a mentalidade de criar produtos e serviços com valor de venda. Se você tem uma visão, você tem um produto vendável. Se você tem um produto vendável, você tem um negócio.

Quando percebi que estava criando um conteúdo que as pessoas queriam acessar, vi que poderia vender esse conteúdo para corporações e empresas que estivessem dispostas a se beneficiar da minha sabedoria. Eu poderia literalmente vender minha filosofia e ideias para pessoas que quisessem ouvi-las. Eu poderia vender meu tempo e minha influência. Este livro em suas mãos é a manifestação física de minha filosofia, ideias, tempo e influência. Quando mudei minha mentalidade para me ver mais do que uma voz e mais do que um orador, mudei para me ver como um empresário, e hoje minha empresa é organizada por minhas habilidades e filosofias. Há a Universidade Breathe, que oferece uma comunidade e programação para empresas e pessoas que tentam se entender. Há o Game Changers, que ajuda a treinar palestrantes iniciantes e dá a eles uma estrutura sobre como fazer da oratória uma carreira. Temos Make Real Estate Real e Legacy Living, que ajudam as pessoas a entender a importância da riqueza geracional — e a ideia de que riqueza não é apenas dinheiro e possuir propriedades. E, é claro, há a Extreme Execution, que é onde ajudamos as pessoas a passar pelo *Flight Assessment*. Se eu não tivesse começado a pensar em mim como um empresário, talvez não tivesse entendido que poderia organizar minhas ideias nos braços de uma empresa, que fornece serviços diferentes para pessoas diferentes com necessidades diferentes.

Para aqueles de nós que cresceram na classe trabalhadora: você não foi criado com a ideia de se ver como um negócio. Você se vê como um trabalhador. Você vê seu valor em termos de trabalhar para outra pessoa. Quando você é da classe trabalhadora, decide dar sua juventude — seus 20 e 30 anos e mais alguns — para a empresa de outra pessoa. Você decide dar sua energia e força para a visão de outra pessoa. Você decide dar seus dons naturais para promover os resultados financeiros de outra pessoa. Não há nada de errado em ajudar alguém a alcançar sua visão ou objetivo, desde que isso não o impeça de alcançar sua própria visão e objetivo. Se você se entrega sem estabelecer limites, está fazendo isso sem clareza sobre o que deseja para si mesmo.

Depois de mudar para se ver como um negócio, você precisa pensar de forma prática. Onde você se vê nos negócios? Qual indústria? Especificamente, quais são seus dons e quem pode se beneficiar deles? Qual é o seu produto? A que mercado pertence o seu produto?

Depois de identificar alguns princípios básicos, você precisa se educar. No meu caso, eu tinha que estar disposto a pedir recursos às pessoas. Durante a maior parte da minha carreira, as pessoas vieram até mim pedindo coisas de que precisavam — uma relação, meu tempo, uma mensagem —, mas quando comecei a pensar como um empresário, comecei a pensar em alavancar meus relacionamentos e minhas conexões de uma maneira diferente. Agora tenho capital social e de caridade suficiente para pedir às pessoas que ajudei que me ajudem em troca.

A Tarefa

1. De qual negócio você quer fazer parte? Quais são os desafios de estar nesse negócio ou iniciá-lo? Quais são as vantagens de se estar nesse negócio? Com quais recursos você pode começar a construí-lo?

2. Considere o seu papel na área. O que você agrega no negócio? Como os seus dons contribuem para a área? Como você se vê sendo parte dessa área? Por outro lado, como você não se encaixa? Que perspectiva você traz como um estranho?
3. Se você não está pronto para começar um negócio ou mesmo se estiver, é importante procurar alguém que tenha feito isso antes de você. Encontre um mentor — vivo ou histórico. Quem você admira na sua área? Onde eles começaram? O que eles leram, estudaram, assistiram? Quem foi o mentor deles? Qual foi o caminho deles para a grandeza?

Desafio: O que você quer ser: médico, escritor, biólogo, coach? Olhe-se no espelho e se chame dessa coisa. Defina o que isso significa para você. Como esse papel se encaixa no negócio da sua vida? Como isso se encaixa no negócio dos negócios? Faça uma lista dos valores tangíveis e intangíveis que essa coisa possui. Agora olhe para sua área atual. Pesquise o que as pessoas estão fazendo e onde há sobreposição. Agora veja o que pode estar faltando. Onde há lacunas na área? Olhe para isso da perspectiva de um estranho. Faça uma lista de tudo o que você não vê presente nesse campo e uma lista de como seus dons podem contribuir. Faça uma lista das pessoas que inovaram em seu campo, pessoas que vieram antes de você e deixaram sua marca no mundo. Liste as mudanças realizadas por elas, coloque-se nessa lista e descreva como você também planeja mudar o jogo.

CAPÍTULO 10

Você se Deve Isso

NINGUÉM LHE DEVE NADA. MAS VOCÊ SE DEVE TUDO.

O que você quer? Para conseguir o que deseja, você deve saber do que está atrás. Se você não sabe o que quer, aceitará qualquer coisa. Porém, se você tem consciência do seu desejo, nunca se contentará com menos. Uma vez tendo ciência do que quer, você deve a si mesmo acordar todos os dias para perseguir seu objetivo.

Pergunte-se: O que você quer da sua vida? O que você quer em seu casamento? O que você quer na sua carreira? O que você quer de suas amizades? Como você quer que sua vida seja? Você é a única pessoa responsável por responder a essas perguntas e a única pessoa responsável por conseguir o que deseja.

No centro de tudo, você é o seu superpoder. Você é os seus dons. Você é o seu propósito. Você é o seu porquê. O único motivo pelo qual essas coisas existem é por sua causa. Seus sonhos são apenas seus. Nenhuma outra pessoa os realizará, exceto você. Ninguém deve a você a sua felicidade, realização ou concretude. A única pessoa que lhe deve alguma coisa é você mesmo.

Para mim, há conforto nesse pensamento. Isso significa que ninguém além de mim comanda o meu futuro. Nenhum outro pode ser responsabilizado por minha felicidade. Nenhum outro é responsável por garantir minha estabilidade, meu sucesso ou minha realização espiritual. A única pessoa que tem alguma responsabilidade em tudo isso sou eu.

Conhece a Ti Mesmo

Tudo — *tudo* — vem de se conhecer. Você sabe o que quer, sabe pelo que está trabalhando, quando se conhece. Você sabe exatamente para onde está indo e o que precisa fazer para chegar até lá.

Quando você olha para as empresas de maior sucesso, elas têm um manifesto, uma declaração de sua missão ou uma lista de valores. Esses lugares começaram com uma visão. Seu valor é sua identidade. É difícil estar no controle de sua vida ou viver a vida dos seus sonhos se você não tiver uma identidade. É fácil se envolver na identidade e na missão de outra pessoa. As pessoas que têm identidades e valores vão intimidá-lo a fazer o que elas valorizam. Pouquíssimas são as pessoas que têm autorrespeito e amor-próprio e não têm valores ou identidade. Os mais corajosos, os mais confiantes, têm uma compreensão íntima de si mesmos; eles não podem ser manipulados porque têm uma âncora.

Todos nós temos obrigações na vida — a de cuidar das pessoas que amamos, comparecer ao trabalho e com nossa comunidade —, mas sem autoconhecimento, você pode se perder na obrigação em si. Você pode esquecer o que quer e se envolver com o que todo mundo quer de você. Conheço adultos que estão tão preocupados com o que as outras pessoas pensam que não percebem que perderam toda a sua vida para fazer outras pessoas felizes ou atender às suas demandas. Quando você não sabe quem é, procura outras pessoas para que elas imprimam seus valores e sistemas em você. Você olha para os outros em busca de um modelo de como viver sua vida.

Na realidade, você precisa ter seus próprios valores, seus próprios princípios, seus próprios pontos inegociáveis. Você se deve a criação de seu próprio projeto. Como fazer isso?

Faça uma lista das suas crenças. Não me refiro apenas a um poder superior, mas você pode incluir isso também. Refiro-me às coisas que você acorda todos os dias sabendo que são verdadeiras. Para mim, eu acredito em Deus, na minha família, na minha igreja, na minha comunidade e no bem das outras pessoas. No final desta lista está a crença mais importante: eu acredito em mim mesmo. Pode parecer simples e talvez não seja verdade para você hoje, neste exato momento, mas você deve acreditar em si mesmo antes de acreditar em qualquer outra coisa.

Perdedores focam vencedores. Vencedores focam vencer.

Faça uma lista de seus valores. São eles que guiam suas ações e pensamentos todos os dias. Eu valorizo meu relacionamento comigo mesmo. Eu valorizo meus relacionamentos com outras pessoas. Eu valorizo meu tempo sozinho. Valorizo meu corpo e minha mente. Valorizo o apoio da minha comunidade e da minha família. Eu valorizo o tempo e o espaço para trabalhar no que quero trabalhar. No final dessa lista está o valor mais importante: eu me valorizo. Se eu não me valorizar, não posso valorizar nada e nem ninguém.

Faça uma lista de seus pontos não negociáveis. Essas são as coisas que você não está disposto a comprometer, as coisas que mantêm seus valores no lugar. Eu sei que o vício corre em minha família. E como sei que isso faz parte do meu DNA, não negocio quando se trata de beber, fumar, jogar ou usar drogas. Eu simplesmente não posso arriscar. Dede é inegociável. Se estou viajando, estou viajando com Dede. Está no contrato. Se eu vou, ela também vai. Meu tempo de silêncio não é negociável. Quando acordo de manhã, preciso de um tempo para mim mesmo para orar, meditar e refletir antes de compartilhar meu dia com o resto do mundo. Sua lista de inegociáveis deve ser um espelho de seus valores fundamentais e um meio de manter seus valores e suas crenças sagradas.

Todas essas listas começarão a criar um modelo de quem você é em seu âmago. Obviamente, suas experiências pessoais e sua personalidade também agregarão a esse projeto. Para mim, a maior ferramenta para entender meu tipo de personalidade foi o *Flight Assessment*. Antes que eu pudesse me ver dentro dessa estrutura, eu já estava agindo pelo mundo com um propósito, mas não tinha um bom entendimento de por que agia dessa maneira. Eu ainda não conseguia ver como poderia agir de forma mais eficaz, como poderia trabalhar com outras pessoas para me comunicar e ser mais eficiente.

Para alguns, pareço estar em todos os lugares — na igreja, nas escolas, em um auditório, no vestiário, na prisão —, mas com o *Flight Assessment* fica claro que isso faz parte da minha personalidade. A maioria das pessoas não percebe que, se for como eu — enérgico e intuitivo —, existe um trabalho e um caminho de vida que combina com sua personalidade. Muitos Pilotos não sabem que são Pilotos e estão preparados para tomar decisões por uma equipe. Muitos Controladores de Tráfego Aéreo não percebem quanto poder eles têm e que são os verdadeiros líderes de uma operação. Se você sabe quem é, pode saber o que você é, e então ver como aplicar isso ao mundo. Eu sou uma pessoa do povo, então vou para onde as pessoas estão.

Mas, mesmo depois de construir um projeto e fazer a avaliação, há mais um passo: você precisa querer. Ninguém mais pode querer seus sonhos o suficiente para que você os realize. Você precisa querer. Você precisa ter um foco. Você precisa querer ter sucesso tanto quanto quer respirar. Não há substituto para sua própria motivação e desejo. Se você não tiver esse fogo, não vai conseguir nada. Você deve ter foco. Você se deve um sonho. Você se deve ir até lá e fazer acontecer.

Faça de Si uma Prioridade

Se você é casado, seu cônjuge tem exigências. Se você tem filhos, seus filhos têm demandas. Se você tem um emprego, seu chefe tem exigências. Todo mundo precisa de coisas de você. E tudo bem. É assim que o mundo funciona. Mas você também precisa de si mesmo. E, caso não atenda às próprias demandas, não poderá atender as de mais ninguém.

A pessoa média tem 150 relacionamentos íntimos em suas vidas. Por esse cálculo, provavelmente tenho 300. Agora, digamos que você esteja tentando atender às demandas das 100 pessoas mais próximas em seu ciclo — fazer uma ligação, ir a uma formatura ou festa de aniversário, comprar um presente. Você está entregando sua vida a outras pessoas. Você está permitindo que os outros governem o seu dom. Não acredito que você deva afastar as pessoas necessitadas, mas acredito que você não pode ser tudo para todos. Você não pode cuidar de si se estiver cuidando de tantas outras pessoas.

Eu sei disso por experiência própria.

Tem uma coisa que surge para muitas pessoas quando elas saem de onde vieram e se tornam bem-sucedidas. Vejo isso em atletas e empresários que saem de seus bairros. Chama-se culpa do sobrevivente. Você sente que superou algo que outras pessoas também deveriam ter superado — mas elas não conseguiram e você sim. Você sobreviveu e se sente mal por isso. E, para remediar sua culpa, você começa a se doar. Você é a única pessoa que fez faculdade e conseguiu um bom emprego, então você compra um carro para sua tia. Você ajuda seu irmão a comprar uma casa. Você dá dinheiro para seus primos e ao seu amigo que cresceu no quarteirão. Você dá tudo o que tem porque está tentando atender aos desejos das pessoas que não alcançaram o seu nível de sucesso. Não há nada de errado com a generosidade, mas ela tem seus limites antes de se tornar prejudicial para ambas as partes.

Conversei com jogadores da NFL e da NBA que sentem a culpa do sobrevivente de forma tão aguda que ela sufoca o próprio bem-estar deles. Mas enfatizo que eles devem cuidar de si mesmos primeiro para que possam continuar praticando seus dons. Porque, se eles não puderem operar com desempenho máximo, não poderão mais cuidar de ninguém. Também digo que você pode estar ganhando qualquer quantia de dinheiro — US$30 milhões, US$40 milhões —, mas se todo mundo recorrer a você pedindo uma ajudinha, você vai esgotar a si e ao seu legado. Você não pode cuidar de todos, nem é responsável por isso. Eu, Eric Thomas, sou o único provedor da minha família. Minha saúde mental, emocional, física e espiritual vem antes de qualquer outra pessoa. Tenho que dar tudo de mim para poder continuar sustentando minha família. Eu tenho que cuidar de mim antes de cuidar de qualquer outra pessoa.

Muitas vezes ouço falar de pessoas que desistem de seu sustento por sentirem que devem mais aos outros do que a si mesmas. Outro dia conversei com um homem de 50 anos que estava embarcando em um avião pela primeira vez. Ele trabalhou a vida toda e nunca arranjou tempo para ir a lugar nenhum. Mesmo com as passagens reservadas e pronto para partir, ele ainda não tinha certeza se deveria ir ao aeroporto e embarcar no avião. Ele se preocupava por não estar cuidando de outra pessoa ao cuidar de si mesmo. Muitas vezes converso com mulheres que não voltaram a estudar ou não buscaram o emprego que sempre desejaram porque desistiram disso para criar os filhos. Mesmo quando jovem, eu subscrevia a antiquada filosofia cristã de que a esposa deveria ser a mão direita do homem. Pensei que Dede deveria estar me ajudando com o crescimento do meu negócio, mas ela sempre foi direta comigo. O sonho dela sempre foi ser enfermeira, e ela não deixaria ninguém atrapalhar sua busca por tal. Ela não estava disposta a perder sua identidade ou deixar de lado seu sonho pelo meu. Isso é profundo. Levei algum tempo para entender, mas agora faço o mesmo que ela.

Meu sonho não é de ninguém. Meu sonho é meu e devo a mim mesmo persegui-lo. Se eu não o perseguir, ninguém mais o fará.

Há apenas 24 horas em um dia, apenas 365 dias em um ano. Não se sabe quantos anos você tem nesta terra. É preciso viver de forma a aproveitar ao máximo seu tempo aqui. Você se deve isso.

Você deve se colocar em primeiro lugar. Quando você cuida de si, reserva um tempo para se enxergar e se sente confortável em ser você, só então você pode começar a cuidar de outras pessoas, vê-las e se sentir confortável com elas. Você pode retribuir quando tiver tempo para se desenvolver e se tornar a pessoa focada, centrada e atualizada que deseja ser.

Pare de procurar por permissão para perseguir seus sonhos. Os sonhos são seus. Você não precisa de um fiador para persegui-los.

Quando comecei a abandonar as expectativas que o mundo tinha sobre mim, descobri uma parte totalmente nova de Eric Thomas. Fechar as portas para abrir espaço para si mesmo pode ser doloroso — e será. Quando saí de Huntsville para uma nova vida na Michigan State, foi doloroso. Quando saí da Michigan State para trilhar meu próprio caminho, foi doloroso. Quando deixei minha igreja para criar uma comunidade, foi doloroso. O crescimento é doloroso. Lembra quando você era adolescente e seus ossos doíam devido ao surto de crescimento? Você não conseguiria ficar mais alto nem se tornar um adulto sem passar por esses surtos. Seguir em frente é doloroso. A mudança é dolorosa. Mas a verdade é a seguinte: permanecer no mesmo lugar também é doloroso. É apenas um tipo diferente de dor — com a qual você já se acostumou, como um calo sobre uma velha bolha. Não há crescimento sem dor. Mas, quando você está em contato consigo mesmo, pode cuidar do assunto e abraçar essa experiência.

Ninguém lhe deve tempo além de você. Você é a única pessoa que arranjará tempo para si mesmo. Como isso se dá dentro da realidade da vida? Comece o seu dia centrado. Imagine um pedaço de papel com um ponto bem no centro. Você é esse ponto. Haverá muitas coisas que tentarão afastá-lo do centro, puxá-lo para as bordas. Seu trabalho todos os dias é se manter o mais centrado e focado possível. Você não pode apenas acordar e pensar: *eu preciso fazer dinheiro*. A casa da moeda imprime dinheiro todos os dias, mas não imprime paz, alegria ou felicidade. Você pode ir ao Walmart e comprar um relógio ou ir à Louis Vuitton e comprar uma bolsa. Mas você não pode sair e comprar sua realização pessoal. Quando você está centrado, consegue se enxergar, pode ver para onde deve ir, pode ver seu futuro se desenrolar diante de você.

Para você, estar centrado pode significar meditar. Sair para correr. Talvez seja ler a Bíblia ou passar um momento tranquilo tomando café sozinho. Estar centrado é algo que pode acontecer a qualquer hora do dia, a qualquer momento. Pode ser enquanto você está no metrô ou dirigindo, enquanto está no escritório ou voltando da escola para casa. Estar centrado é colocar sua mente no lugar certo, e sua mente está sempre com você, e você a comanda.

Pense em como será o seu dia. Visualize o que a realização significará para você hoje. Pinte uma imagem do dia ideal. E, se você ainda não chegou lá, se ainda não pode ter seu dia ideal, pense em como o hoje deve ser para alcançar esse dia ideal na próxima semana, no próximo mês, no próximo ano. Pense em como será sua semana. O que você precisa fazer para chegar ao próximo nível? Como é o seu mês? Seu ano? Faça um plano para se colocar no caminho certo. Ninguém fará seus planos além de você. E você deve a si mesmo ser o centro de seu próprio plano.

Se você estiver disposto a colocar sangue, suor e lágrimas, você pode ter, ser e fazer o que quiser.

Parte de se fazer prioridade é passar algum tempo sozinho. Quando precisar descobrir seu superpoder, passe um tempo sozinho. Ao buscar seu propósito, passe um tempo sozinho. Para se conectar ao seu porquê, passe um tempo sozinho. Se conhecer exige que você fique bem sozinho. Você não pode ter medo de perder. Você deve deixar de lado o medo da rejeição. Você deve estar bem em estar de fora. Estar de fora lhe dá perspectiva. Permite que você se enxergue melhor — então ver o que você precisa para seguir em frente. Quando você se conhece, sente-se confortável em ficar sozinho, amando-se o suficiente para passar um tempo com si próprio. Você para de temer o que os outros pensam, o que as instituições querem, o que os sistemas precisam. Você pode se ver fora deles e em sua própria plenitude. E, com certeza, quando se sentir confortável com si próprio, começará a atrair oportunidades e outras pessoas. Ninguém aceitará estar com você a menos que você possa aceitar sua própria companhia.

Quando você tem um projeto — seus valores, suas crenças, seu foco, seu autoconhecimento — então deve estabelecer um padrão. Você deve a si mesmo avaliar constantemente seu próprio desempenho e a maneira como gasta seu tempo. Os objetivos são bons, mas são os padrões que o levarão ao próximo nível. O gerenciamento de tempo dentro desses padrões criará um fluxo natural para atendê-los. Eu me pergunto: *fiz o que pretendia fazer quando comecei meu dia?* Eu me pergunto se meu tempo foi usado da maneira que me deixa mais feliz. Tenho muitas oportunidades neste momento da minha vida — as pessoas me pedem para ir a talk shows, me oferecem programas de TV, me convidam para Hollywood e para viajar em aviões particulares. Mas tenho que me responsabilizar pelo meu tempo. E nem todas as oportunidades atenderão aos meus padrões de como gastar esse tempo. Não posso visitar todas as escolas, igrejas e prisões que desejo se estiver passeando com outra pessoa. Não posso passar tempo com minha família e meus filhos se estou correndo para fazer o trabalho de outra pessoa. Eu devo a mim ser responsável pelos meus padrões. Então, pergunte-se todos os dias: *você usou seu tempo da maneira que queria? Você adorou? Você se exercitou? Você meditou? Você passou tempo com as pessoas que queria — sua família, seus amigos, sua comunidade? Quanto ao tempo passado, você estava presente? Você viveu plenamente o momento? Você estava focado nos relacionamentos que deseja ter e construir?*

Sua Vida é Seu Legado

Minha mãe sempre diz que toda geração deveria fazer uma checagem. Com isso ela quer dizer que deveriam olhar para a geração anterior e ver o que eles fizeram, e então fazer sua parte e levar adiante o trabalho anterior. Meus bisavós se mudaram com suas famílias da segregação do Sul para o Norte em busca de oportunidades. Meus avós trabalhavam em qualquer tipo de emprego que podiam para que seus filhos tivessem mais do que eles. Meus pais saíram dos conjuntos habitacionais e conseguiram empregos estáveis na indústria para que eu pudesse ter mais do que eles. Não fomos à Disney nem ao México, mas comíamos três refeições ao dia, tínhamos roupas e viajávamos um pouco aqui e ali. Dede e eu fomos a primeira geração de nossas famílias a concluir o ensino superior. Tivemos filhos apenas quando tínhamos vidas e empregos estáveis. Nossos filhos cresceram em uma casa com dois pais. E hoje meus filhos têm oportunidades reais. Eles estudaram nas melhores escolas e têm conexões com as quais eu só poderia sonhar. Meu filho Jalin trabalha com times da NBA e minha filha Jayda tem mestrado em psicologia. Claro, agora eles se preocupam com os privilégios com os quais cresceram, mas isso por si só já é um privilégio.

Se você quer deixar um legado, precisa ser o porta-estandarte da sua geração. Você precisa definir um padrão que o ajudará a promover a geração seguinte. Não se trata apenas de estabilidade financeira. Muitas vezes, pensamos na riqueza geracional como simplesmente financeira. Mas a riqueza geracional é emocional, mental e espiritual. Herdamos muito mais do que dinheiro. Herdamos um modo de vida. Criei um legado ao me comprometer comigo mesmo e com meus padrões.

Agora é a hora de começar a construir seu legado. Agora é a hora de assumir o controle. Agora é a hora realizar o trabalho. Agora é a hora de sonhar com a grandeza que está por vir. Mas não apenas sonhar — se tornar seu sonho. Para *se tornar* ótimo. Chegou a hora de tomar conta da sua vida. Chegou a hora de se voltar para si. De começar a viver a vida da maneira que só você pode vivê-la. Chegou a hora de se tornar você. Chegou a hora de largar este livro. É hora de escrever a sua própria história.

I

ÍNDICE

D

E

F

G

H

S

T

V

Z